GULLIVER

1067

W0295034

Åsa Lind

Alles von Zackarina und dem Sandwolf

Aus dem Schwedischen
von Jutta Leukel

Mit Bildern von Philip Waechter

EIN GULLIVER VON BELTZ & GELBERG

www.gulliver-welten.de
Gulliver 1067
© für diese Ausgabe 2008 Beltz & Gelberg
in der Verlagsgruppe Beltz · Weinheim Basel
Alle deutschsprachigen Rechte vorbehalten
Erstmals in deutscher Sprache erschienen bei
Beltz & Gelberg u.d.T.
Zackarina und der Sandwolf: © 2004
Mehr von Zackarina und dem Sandwolf: © 2005
Zackarina, der Sandwolf und das Meer: © 2007
Die schwedischen Originalausgaben erschienen
bei Rabén & Sjögren, Stockholm u.d.T.
Sandvargen: © 2002
Mera Sandvargen: © 2003
Sandvargen och hela Härligheten: © 2004
Aus dem Schwedischen von Jutta Leukel
Lektorat: Susanne Härtel
Neue Rechtschreibung
Markenkonzept: Groothuis, Lohfert, Consorten, Hamburg
Einbandtypographie: Max Bartholl
Einbandbild: Philip Waechter
Gesamtherstellung: Druck Partner Rübelmann, Hemsbach
Printed in Germany
ISBN 978-3-407-74067-0
1 2 3 4 5 12 11 10 09 08

Zackarina und der Sandwolf

Mehr von Zackarina und dem Sandwolf

Zackarina, der Sandwolf und das Meer

Zackarina
und der Sandwolf

Ein seltenes und ungewöhnliches Tier

Zackarina wohnte zusammen mit ihrer Mama und ihrem Papa in einem Haus am Meer. Das Haus war klein, aber das Meer war groß, und im Meer kann man baden – auf jeden Fall im Sommer. Nun war es Sommer, sonnig und warm, und Zackarina wollte baden. Aber es gab ein Problem. Sie durfte nicht allein ins Wasser, und Papa hatte keine Lust, mit ihr zum Strand zu gehen.

»Ich habe jetzt keine Zeit«, sagte er. »Ich muss Zeitung lesen, verstehst du?«

Und so legte er sich mit einer großen, raschelnden Zeitung in die Hängematte. Die Zeitung war so groß, dass er hinter ihr, wie unter einer Decke, ganz verschwand. Nur die Füße schauten hervor. Unglaublich öde Füße, dachte Zackarina. Langweilige Papafüße, die nicht zum Baden gehen wollten.

»Ich gehe auf jeden Fall zum Strand«, sagte sie.

»Ja, ja«, sagte Papa.

»Weil ich eine Grube graben werde«, sagte Zakkarina, »im Sand. Und das wird eine Falle, in die du dann hineinfällst.«

»Ach, wie schön«, sagte Papa und raschelte mit der Zeitung.

Zackarina verstand, dass er ihr überhaupt nicht zugehört hatte. Das sagte er immer, wenn er nicht zuhörte – ›Ach, wie schön‹.

»Nein«, sagte sie, »nicht schön. Unschön!«

Sie ging hinunter zum Strand und fing an, mit den Händen im Sand zu graben. Zuerst war der Sand hell und trocken und warm, aber weiter unten wurde er feucht – und dunkel und kalt.

Zackarina legte sich auf den Bauch und schaute in die Grube hinunter. Wie tief die war! Was für eine Falle! Sie hatte wirklich Mitleid mit Papa, der in ein so tiefes, schreckliches Loch fallen musste.

Obwohl es ihm recht geschieht, dachte sie und grub noch ein wenig tiefer.

Da geschah es.

Etwas bewegte sich in der Grube. Zackarina spürte es ganz deutlich und sie zog schnell die Hand zurück. Dort unten war etwas, wirklich! Ganz unten auf dem Grund. Der Sand bewegte sich, und jetzt – jetzt schaute etwas hervor. Etwas, das schwarz war und ein wenig glänzte.

Sie sah sofort, was es war.

Das war eine Nase. Eine Nase, die schnüffelte und schnaufte, die wühlte und schnaubte.

»Papa!«, rief sie. »Da ist eine Nase in meiner Grube und die lebt!«

»Ach, wie schön«, raschelte Papa von weit her aus der Hängematte.

Schön? Zackarina war sich da wirklich nicht so sicher. Das kam wohl ganz darauf an, zu welcher Art Tier diese Nase gehörte. Und wenn das Tier in der Grube ein wildes Tier war?

Die Nase wühlte sich noch etwas weiter heraus – und noch ein Stückchen.

Zackarina kroch zurück und hielt den Atem an. Das Tier war auf dem Weg nach oben! Es scharrte und rumorte in der Grube, und plötzlich kam ein Kopf zum Vorschein . . .

Aber was war das für ein Tier? Auf keinen Fall war es ein Hund, obwohl es einem Schäferhund ähnelte, wenn auch nur ein bisschen. Irgendwie war es viel wilder. Und das Fell sah nicht haarig aus. Eher wie Sand, wie sonnengelber Wüstensand.

Das Tier sah sich um und entdeckte sie natürlich.

»Ich verstehe«, sagte das Tier und nickte langsam, und Zackarina hörte, dass es ein männliches Tier war.

»Du hast also die Grube gegraben«, sagte er. »Lass mich mal überlegen. Dann musst du ein Dachs sein, oder etwa nicht?«

Sie wagte weder ja noch nein zu sagen, also sagte sie nichts.

Das Tier seufzte.

»Welch ein wunderliches kleines Wesen«, sagte er. »Gräbt wie ein Dachs, ist aber stumm wie ein Fisch.«

Mit einem Satz sprang er aus der Grube heraus – vier Beine und ein Körper und ein wedelnder Schwanz. Er trottete auf Zackarina zu, die sich zusammenkauerte und dachte: Hilfe, er frisst mich auf!

Aber das tat er nicht. Er schnupperte nur überall an ihr herum. Das kitzelte und sie musste lachen.

»Aha, du wieherst«, sagte das Tier. »Dann musst du ein Pferd sein. Oder gackerst du vielleicht? In diesem Fall bist du wohl ein Huhn.«

Das Tier legte den Kopf zur Seite und überlegte weiter.

»Allerdings eine lustige Art von Huhn, das keine Federn hat«, sagte es. »Bei meiner Seele und meinem Schwanz, du bist ein komisches Tier.«

Nun konnte Zackarina nicht länger still sein.

»Ich bin überhaupt kein Huhn«, sagte sie. »Ich bin ein Mensch.«

Das Tier lächelte mit tausend scharfen Zähnen, die waren weiß wie Schneckenhäuschen.

»Genau das habe ich doch gesagt«, sagte er. »Ein sehr komisches Tier.«

Er rollte sich im Sand und streckte sich neben Zackarina aus. Sein sandiger Körper glitzerte wie Gold in der Sonne.

»Und ich bin ein Sandwolf«, sagte er. »Guten Tag, guten Tag! Ich bin sehr selten und selten schön, oder etwa nicht?«

Zackarina wusste nicht so recht, was sie von alledem halten sollte. Sie hatte vorher noch nie einen Sandwolf getroffen. Sie war sich nicht ganz sicher, ob sie große Angst hatte oder sehr glücklich war.

»Was isst du?«, fragte sie vorsichtig. »Isst du . . . Menschen?«

»Menschen? Nein, igitt!«, sagte der Sandwolf. »Ich esse meistens Sonnenschein und Mondschein, weil man von Mondschein unglaublich klug wird. Ich weiß alles.«

»Alles auf der ganzen Welt?«, fragte Zackarina.

»Alles auf allen Welten und alle Antworten auf alle Fragen«, sagte der Sandwolf.

Zackarina versuchte sich eine richtig schwere Frage auszudenken, auf die dieser überhebliche Wolf niemals antworten könnte. Etwas über den Weltraum oder so. Oder über Ameisenhaufen. Aber als sie den Mund öffnete, purzelte eine ganz andere Frage hervor.

»Warum«, fragte sie, »warum muss Papa Zeitung lesen?«

»Ha! Leichte Frage«, sagte der Sandwolf. »Er ist natürlich verhext worden, das ist ja wohl klar.«

»Verhext?«, fragte Zackarina.

»Ja, oder hypnotisiert«, sagte der Sandwolf. »Seine Augen sind an der Zeitung kleben geblieben, an diesen kleinen schwarzen Buchstaben, und jetzt kann er nicht mehr loskommen.«

Zackarina mochte diese Antwort überhaupt nicht. Sie wollte keinen Papa haben, der für den Rest seines Lebens an einer Zeitung klebte.

»Immer mit der Ruhe«, sagte der Sandwolf. »Ich werde ihn befreien.«

Er machte einen Satz und stürzte davon. Wie ein wirbelnder Sandsturm raste er direkt auf das Haus und die Hängematte zu und riss Papa die Zeitung aus den Händen.

Die Zeitungsseiten flatterten über das Meer hinweg wie große Vögel.

Papa fiel aus der Hängematte, landete mit einem Bums auf dem Boden und dachte – ein Wolf?

»Zackarina!«, rief er. »Ich habe einen Sonnenstich bekommen. Ich muss baden.«

»Endlich«, sagte sie.

Und das Meer war groß und blau, und sie badeten lange – bis die Finger schrumpelig wurden. Dann gingen sie heim und tranken Tee und spielten Karten und schummelten nur, wenn es nötig war.

Aber in der Grube im Sand am Strand lag noch der Sandwolf und dachte – an Menschen und an Papas und an andere komische Tiere.

Alle arbeiten sie dauernd!

Im Haus am Meer war es Morgen. Zackarina saß in der Küche und frühstückte zusammen mit ihrer Mama. Sie aß langsam, aber Mama aß sehr schnell. Sie musste ihre Hafergrütze hinunterschlingen, weil sie es so eilig hatte, zur Arbeit zu kommen.

»Du, Mama«, sagte Zackarina, »sollen wir Verstecken spielen?«

»Jetzt nicht! Ich habe keine Zeit, der Bus kommt!«, sagte Mama. Sie rief: »Tschüs« und »Kuss« und »Wir sehen uns heute Abend«, und schon war sie fort und auf dem Weg zu ihrer Arbeit.

Da ging Zackarina zu ihrem Papa. Er saß in seinem Arbeitszimmer am Schreibtisch. Vor sich hatte er Stapel von Papieren und dicke Bücher.

»Du, Papa«, sagte Zackarina, »sollen wir heute angeln gehen, du und ich?«

»Liebe Zackarina, nicht gerade jetzt, ich muss arbeiten«, sagte Papa. »Dies hier sind wichtige Sachen, verstehst du!«

»Angeln ist doch auch wichtig«, sagte Zackarina.

»Ja, ja, aber nicht jetzt, ich arbeite«, sagte Papa. »Geh raus und spiel ein bisschen.«

Zackarina stampfte auf ärgerlichen Füßen davon. Arbeit, Arbeit, Arbeit! Immer dasselbe, nur Arbeit und Arbeit. Sie stampfte aus dem Haus hinaus und im Garten herum. Aber dort, unter dem Apfelbaum, fiel ihr plötzlich etwas ein.

Der Sandwolf! Ob er noch unten am Strand war? Er machte sicherlich nie langweilige Sachen, nur richtige und wichtige. Zackarina lief den Pfad zum Strand hinunter. Da saß er tatsächlich. Glitzergelb und mit gespitzten Ohren, die Nase direkt auf das Meer gerichtet, saß er da, unbeweglich wie eine Statue aus Sand. Aber er lebte, das sah man, denn er funkelte.

»Hallo«, sagte Zackarina und kletterte auf einen Stein.

»Hallo«, sagte der Sandwolf und bewegte kaum seinen Kopf. »Hast du so gestampft?«

»Ja, so fest ich nur konnte«, sagte Zackarina.

Sie sprang vom Stein herunter und hüpfte rund um den Sandwolf herum, erst auf dem einen Bein, dann auf dem anderen, bis sie schließlich umfiel.

»Das ist so dumm«, sagte sie und machte einen Engel in den Sand. »Alle arbeiten und arbeiten nur, und niemand hat Zeit für andere Sachen!«

»Ich arbeite auch«, sagte der Sandwolf.

»Stimmt überhaupt nicht«, sagte Zackarina. »Du sitzt doch nur still da.«

Sie stand auf und versuchte einen Handstand zu machen. Das war ziemlich schwierig.

»Natürlich arbeite ich«, sagte der Sandwolf. »Ich arbeite und schufte wie ein Verrückter. Ich arbeite mich fast zu Tode, das siehst du doch wohl.«

»Aber du machst doch gar nichts«, sagte Zackarina und schlug einen Purzelbaum.

»Genau«, sagte der Sandwolf. »Ich mache nichts, und die Arbeit heißt Nichts, und das ist die schwerste Arbeit, die es gibt.«

Er seufzte tief.»Ich weiß nicht, wie ich das schaffen soll. Es ist so anstrengend.«

»Aber ich kann dir helfen«, sagte Zackarina und setzte sich neben den Sandwolf. »Was muss ich tun?«

Der Sandwolf zeigte es ihr und sie machte es genauso. Bald merkte sie, dass der Sandwolf Recht hatte. Die Nichts-Arbeit war wirklich schwer. Man musste absolut still sitzen und absolut nichts tun. Man durfte nicht sprechen, nicht mit den Zehen wackeln, noch nicht einmal mit dem Finger im Sand pulen. Man musste nichts machen, die ganze Zeit!

Zackarina saß still wie ein Stein, bis ihr ganzer Körper schmerzte. Sie schnaufte und stöhnte, und gerade, als sie merkte, dass sie keine Sekunde länger arbeiten konnte, streckte sich der Sandwolf aus.

»Ah, endlich«, sagte er. »Endlich sind wir fertig!«

Er wandte sich ihr zu und lächelte mit seinen tausend scharfen Zähnen.

»Es ist unglaublich, wie gut wir heute gearbeitet haben«, sagte er. »Und sieh nur, wie schnell es geht, wenn zwei sich die Arbeit teilen!«

Zackarina streckte sich auch aus. Oh, war das schön!

»Puh, wie anstrengend die Arbeit war«, sagte sie.

»Ja, aber jetzt haben wir frei«, sagte der Sandwolf. »Und das ist der eigentliche Sinn dieser Arbeit: dass man so glücklich wird, wenn man ausruhen und machen kann, was man will!«

Zackarina sprang hoch. Sie wusste genau, was sie machen wollte, während sie sich ausruhte. Sie wollte den Strand schön machen. Umräumen vielleicht? Ja, das war eine gute Idee! Alle Steine umräumen!

»Weil sie so unaufgeräumt herumliegen, oder was meinst du?«, fragte sie.

Der Sandwolf stimmte ihr zu. Die Steine lagen wirklich kunterbunt durcheinander. Mit etwas Ordnung würde es ihnen sicherlich besser gehen. Also fingen der Sandwolf und Zackarina an, die Steine umzusetzen. Sie rollten und stießen sie, trugen und schleppten sie, heulten und sangen:

»Auf die Beine, alle Steine, seid nicht dumm, ihr zieht um!«

Als sie fertig waren, lagen alle Steine in einer neuen Ordnung da, viel besser als vorher. Und genau als der letzte Stein an seinem Platz war, tauchten Mama und Papa auf dem Pfad auf. Der Sandwolf funkelte, glitzerte und wirbelte über den Strand davon.

»Mach's gut!«, rief Zackarina.

»Mach's gut?«, fragte Papa.

»Nein, ich meine ... nun ist's gut!«, sagte Zackarina.

»Ja, genau«, sagte Mama. »Nun bin ich für heute mit der Arbeit fertig.«

»Ich auch«, sagte Papa.

»Und ich auch«, sagte Zackarina. »Ich bin schon lange mit der Arbeit fertig.«

Mama ging am Strand entlang.

»Wie schön es heute hier ist«, sagte sie.

»Ja, weil ich aufgeräumt habe«, sagte Zackarina. »Ich habe alle Steine umgeräumt und sie ordentlich hingelegt.«

»Du meine Güte, was für eine Arbeit!«, sagte Papa.

»Nein, das war keine Arbeit«, sagte Zackarina. »Die Steine habe ich nach der Arbeit umgeräumt, als ich freihatte.«

Mama nickte und versuchte so auszusehen, als ob sie alles verstanden hätte, aber das hatte sie natürlich nicht.

»Zackarina«, sagte sie dann, »jetzt habe ich Zeit. Wir könnten Verstecken spielen, wenn du willst.«

»Oder wir könnten angeln gehen«, sagte Papa, »denn ich habe auch Zeit.«

Aber Zackarina wollte weder Verstecken spielen noch angeln gehen. Sie wollte Mama und Papa zeigen, was sie den ganzen Tag bei ihrer anstrengenden Arbeit getan hatte. Also setzte sie sich auf einen der umgeräumten Steine und tat absolut nichts. Und Mama und Papa setzten sich daneben und halfen mit.

Das Fahrradurlaubsfoto

Zackarina hatte mit Wasserfarben ein Bild gemalt. Es hatte keinen Namen, aber es war groß und schön und leuchtete blau mit gelben und roten Punkten und Klecksen und nun wollte sie es an die Wand hängen.

»Ich brauche Klebeband«, sagte sie zu ihrem Papa, »viel Klebeband.«

Sie hielt das Papier hoch und zeigte ihm das Bild. Papa sah ein wenig nachdenklich aus.

»Na ja, es wird langsam etwas eng hier an den Wänden«, sagte er. »Du malst sehr viele Bilder.«

»Dann müssen wir wohl eins abhängen«, sagte Zackarina. »Das hier zum Beispiel.«

Sie zeigte auf eine Fotografie mit rotem Rahmen. Auf dem Foto waren Mama und Papa zu sehen. Sie schauten aus einem Zelt heraus und lachten, obwohl es regnete und sie völlig durchnässt waren.

»Sollen wir das abhängen?«, fragte Papa. »Das Fahrradurlaubsfoto?«

»Ja, genau das«, sagte Zackarina. »Als ihr durch die Gegend geradelt seid und so viel Spaß hattet und ihr im Zelt geschlafen habt und ich nicht mitdurfte.«

»Ja aber – das war doch, bevor es dich gab«, sagte Papa.

»Bevor es mich gab?« Zackarina schaute genau auf die Fotografie. Ein Zelt und zwei Fahrräder. Wald und Himmel und Regen. Zwei, die glücklich waren, aber keine Zackarina, weil es die nicht gab.

Mich gab es nirgends, dachte sie und fühlte sich sonderbar einsam. Aber dann fiel ihr etwas ein und sie lachte.

»Stimmt nicht! Ein bisschen gab's mich schon«, sagte sie. »Ich war doch in Mamas Bauch, hast du das vergessen?«

»Nein, der Fahrradurlaub war vorher«, sagte Papa, »viele Jahre, bevor du in Mamas Bauch warst.«

»Aber wo war ich denn dann?«, fragte Zackarina. »Bevor ich im Bauch war?«

Papa kratzte sich am Kinn und murmelte etwas von sehr schwierigen Fragen. Dann schaute er auf die Uhr und rief: »Oh, jetzt kommen Nachrichten im Radio!«, und verschwand im Arbeitszimmer.

Zackarina knüllte ihre Zeichnung zusammen und stopfte sie in den Papierkorb, weil es für sie ja sowieso nirgendwo Platz gab. Sie zog die Gummistiefel an und ging aus dem Haus und hinunter zum Strand.

Draußen war es grau. Graue Wolken und graues Meer und ein grau pfeifender Wind. Aber mitten im Grau, ein Stückchen weit draußen im Meer, schimmerte und schaukelte ein sonnengelber Punkt. Das war der Sandwolf, der badete.

Als er Zackarina entdeckte, glitt er auf den Strand und schüttelte sich das Wasser aus dem Glitzerpelz.

»Strahlendes Badewetter heute«, sagte er. »Ich bin stundenlang herumgeschwommen.«

»Stundenlang?«, fragte Zackarina. »Frierst du nicht?«

»Ich friere nie«, sagte der Sandwolf. »Aber wenn ich ein bisschen friere, um die Nase herum oder so, dann denke ich einfach an damals.«

»An wann damals?«, fragte Zackarina.

»Damals, als ich Glut war«, sagte der Sandwolf. »Da war es ganz schön heiß.«

»Glut?«, fragte Zackarina. »Warst du Glut? Wie im Feuer?«

»Genau«, sagte der Sandwolf. »Eine glühende Glut, glutheiß und rot, eingeschlossen im Herzen der Erde – so war ich.«

Zackarina legte die Hand auf seinen goldenen Pelz. Er war ziemlich warm.

»Dann wurde ich ein Vulkan«, fuhr der Sandwolf fort. »Ich sprengte mich aus der innersten Tiefe heraus – tschuuuu! Wild und schön, hoch in die Luft, wie ein Feuerwerk.«

»Und dann?«, fragte Zackarina.

»Wurde ich ein Stein«, sagte der Sandwolf. »Genauer gesagt, ein Stück Granit.«

»Das muss langweilig sein, wenn man ein Stein ist«, sagte Zackarina.

»Nein, das ist richtig lustig«, sagte der Sandwolf. »Man reist viel.«

Und dann erzählte er von den Reisen der Steine, von der Bergspitze oben direkt hinunter ins Tal, vom Südpol zum Nordpol und zurück und rund um die Erde und noch einmal herum.

»Das Leben als Stein war ganz schön verwirrend«, sagte der Sandwolf.

»Aber wie bist du dann ein Sandwolf geworden?«, fragte Zackarina.

»Ich spielte«, sagte er. »Ich spielte mit dem Wind und spielte mit dem Wasser und spielte und spielte Millionen Jahre lang, bis Damals Jetzt wurde und ich ich wurde – der wunderbarste Schwimmer der Welt!«

Er machte einen Satz und warf sich wieder hinaus in die Wogen. Platsch!

»Warte doch!«, rief Zackarina. »Was ist mit mir? Was war ich, bevor ich ich wurde?«

»Das wirst du wohl selbst wissen!«, rief der Sandwolf zurück. »Das ist doch deine Geschichte!«

Er tauchte in die Wogen und war weg. Zackarina ging nach Hause. Die grauen Wolken hingen schwer am Himmel. Ein Regentropfen fiel und dann noch einer und noch einer.

Sie überlegte und versuchte sich zu erinnern. War sie auch eine rote Glut gewesen wie der Sandwolf?

Vielleicht war ich nichts, dachte sie. Aber nein, so konnte es doch wohl nicht sein. Es kam ihr so komisch und lächerlich vor, zuerst gar nicht da

zu sein und dann plötzlich in Mamas Bauch zu liegen und herauszuplumpsen und ein Baby zu werden.

Ein Vulkan? Ein Stein?

Nein, ich nicht, dachte Zackarina. Ein Stein war ich nicht.

Auf der Treppe streifte sie die Gummistiefel ab und ging in die Küche. Dort stand Papa mitten im Raum und sah irgendwie verschmitzt aus.

»Ich habe dein Bild aufgehängt«, sagte er. »Hier in der Küche.«

Zackarina suchte und schaute auf alle vier Wände, sogar im Kühlschrank sah sie nach, aber sie konnte das blaue Bild nicht finden.

»Aber wo denn? Wo ist es?«, fragte sie.

Papa sah noch verschmitzter aus und zeigte nach oben.

»Dort«, sagte er, »an der Decke.«

Und da war es. Ein bisschen zerknittert natürlich, aber leuchtend blau mit gelben und roten Punkten und Klecksen.

»Deckengemälde«, sagte Papa. »Eine gute Idee, was? An der Decke ist noch Platz für jede Menge Bilder!«

Zackarina ging langsam in der Küche auf und ab und betrachtete ihr blaues Bild.

Ich war der Wind, dachte sie. Der Wind im

Himmel, der den Regen heranblies, und der Regen fiel und fiel hundert Tage lang, so dass alle im Land nass und ärgerlich wurden. Nur einige im Zelt wurden glücklich im Regen, und seither gehöre ich zu Mama und Mama zu mir und Papa zu uns.

»Und jetzt ist jetzt und ich bin ich«, sagte Zackarina.

»Was?«, fragte Papa.

»Das Fahrradurlaubsfoto«, sagte Zackarina.

»Ich mag es«, sagte Papa.

»Ich auch«, sagte Zackarina.

Und im Meer schaukelte der gelbe Wolf auf den Wogen, trieb auf dem Rücken im Regen und schaute zu den grauen Wolken hinauf. Die Tropfen fielen, und der Sandwolf zählte sie alle, einen nach dem anderen, ohne einen einzigen zu vergessen.

Mutflecken

Die Sonne war gelb und der Himmel war blau und genauso war es mit Zackarina. Sie war auch gelb und blau, besonders an den Beinen. Ja, sie war auch ein bisschen grün und rot. Und ein bisschen lila.

»Du Arme«, sagte Papa. »Wie viele blaue Flecken du hast!«

Zackarina und Papa waren draußen im Garten und pflückten Brennnesseln, weil sie zum Abendessen Brennnesselsuppe und Pfannkuchen essen wollten. Aber jetzt saßen sie gerade unter dem Apfelbaum und ruhten sich eine Weile aus und Zackarina zählte ihre blauen Flecken.

». . . zehn, elf, zwölf«, sagte sie. »Und dreizehn, wenn man diesen winzig kleinen auch mitrechnet.«

»Die sind ja scheußlich«, sagte Papa.

»Nein, ich finde sie hübsch«, sagte Zackarina. Aber es ist komisch, dass man sie blaue Flecken nennt, dachte sie. Sie sollten doch eher Regenbogenflecken heißen. Oder Fahrradflecken, denn viele hatte sie vom Fahrradfahren bekommen.

»Ja, genau!«, sagte sie und sprang auf.

»Was denn?«, fragte Papa.

»Ich muss zum Strand«, sagte Zackarina. »Ich muss etwas herausfinden, etwas mit dem Fahrrad.«

Sie setzte sich auf ihr Fahrrad und rollte davon. Zackarina konnte nicht so gut bremsen und Kurven fahren, aber einen Berg hinunterrollen – das konnte sie gut. Auf jeden Fall ging es sehr schnell.

Der Pfad zum Strand war ziemlich uneben. Baumwurzeln wuchsen kreuz und quer, und mitten auf dem Pfad lag ein großer Stein – und wums! Zackarina fuhr direkt auf den Stein, kam ins Schlingern und fiel um. Der Sturz war bis zum Haus hin zu hören.

»Hast du dir wehgetan?«, rief Papa.

»Nein, ich glaube nicht!«, rief Zackarina zurück, weil sie zum Nachfühlen keine Zeit hatte. Sie saß schon wieder auf dem Fahrrad und fünf Sekunden später war sie unten am Strand angekommen. Das Rad blieb im Sand stecken, und Zackarina fiel noch einmal um – in einen Sandhaufen.

»Ein Fahrrad? Soll das vielleicht ein Witz sein?«, fragte der Sandhaufen. »Ein Fahrrad mitten im Sommer?«

Es war der Sandwolf. Er stand auf und schüttelte sich.

»Direkt auf den Schwanz«, sagte er und klang etwas ärgerlich.

»Oh, entschuldige«, sagte Zackarina. »Das war keine Absicht.«

»Aha«, sagte der Sandwolf, »was war denn dann deine Absicht?«

»Ich will nur etwas herausfinden«, sagte Zackarina. »Etwas, das ich mich frage.«

»Eine Frage?«, sagte der Sandwolf. »Wie schön. Erzähl!«

»Ja«, sagte Zackarina. »Glaubst du, man kann auf dem Fahrrad von dort nach dort rollen?«

Sie zeigte mit dem Finger. Von dort – das war hoch oben eine glatte Klippe, die ziemlich steil abfiel. Und nach dort – das war unten das Meer. »Stell dir das mal vor, wie toll! Einfach loszurollen und hinabzusausen, tschung!, die Klippe hinunter und direkt ins Wasser! Platsch!«

»Das klingt wirklich wunderbar«, sagte der Sandwolf.

»Ja, aber glaubst du, dass es geht?«, fragte Zackarina.

Der Sandwolf setzte sich und überlegte eine Weile.

»Nein, das glaube ich nicht«, sagte er. »Aber sicher weiß man es erst, wenn man es ausprobiert.«

»Dann mache ich es«, sagte Zackarina. »Ich probier's aus.«

Sie schleppte das Fahrrad hinauf auf die Klippe.

Das war eine ihrer besten Kletterstellen, aber sie war noch nie mit einem Fahrrad dort oben gewesen. Die Klippe wirkte höher als sonst und rutschiger.

Sie stieg aufs Fahrrad und packte den Lenker fest mit beiden Händen. Es kitzelte im Bauch.

Hinuntersausen, dachte sie, nur hinuntersausen und platsch!

Sie stieß sich ab und rollte los. Aber sie sauste nicht die Klippe hinunter. Doch, ein bisschen vielleicht, am Anfang. Dann kam sie ins Schleudern und kippte um und stürzte, kullerte seitlich von der Klippe und landete unten im Sand.

»Das ging ja nicht besonders gut, was?«, sagte der Sandwolf, als das Vorderrad aufgehört hatte, sich zu drehen, und das Geklapper verstummt war.

»Nein«, sagte Zackarina, »aber es war gut, dass ich es probiert habe, denn nun weiß ich sicher, dass es nicht geht.«

Sie massierte sich den Po. Die Klippe war ganz und gar nicht weich.

»Nun habe ich sicherlich noch einen blauen Flecken bekommen.«

»Was? Einen blauen Flecken?«, fragte der Sandwolf. »Was ist das?«

»So einer wie die hier«, sagte Zackarina.

Sie zeigte dem Sandwolf ihre bunten Beine und erzählte. Den größten hatte sie bekommen, als sie in vollem Schwung von der Schaukel abgesprungen war, und den grünen, als sie mit der Katze des Nachbarn um die Wette geradelt war.

»Oder warte mal«, sagte Zackarina, »vielleicht war das, als ich auf das Dach vom Holzschuppen geklettert bin.«

»Und der kleine lilafarbene dort?«, fragte der Sandwolf.

»Den habe ich bekommen, als ich fliegende Hängematte geflogen bin«, sagte Zackarina.

Der Sandwolf nickte.

»Jetzt verstehe ich«, sagte er. »Blaue Flecken sind eine Art Medaillen, die man bekommt, wenn man gefährliche Sachen macht, oder?«

Medaillen? Zackarina streckte sich aus.

»Ja, genau«, sagte sie. »Eine Art Mutmedaillen.«

Oben vom Haus rief Papa, das Essen sei fertig. Zackarina spürte plötzlich, dass sie schrecklich hungrig war und müde auch. Schrecklich müde! Wie sollte sie das Fahrrad bis nach Hause schieben, den ganzen wurzeligen Pfad hinauf?

»Du kannst es doch hier lassen«, sagte der Sandwolf. »Ich kann darauf aufpassen und es reparieren, falls es ein bisschen kaputtgehen sollte oder so.«

Zackarina ließ das Fahrrad am Strand und schleppte sich heim, müde und hungrig. Aber als sie endlich in der Küche im Haus am Meer ankam, stolperte sie über die Türschwelle. Nicht heftig, nur ein bisschen. Sie fiel nicht hin, aber oh, wie sie schrie!

»Au! Au au au auaaaa!«, schrie sie. »Mein Zeh, ich hab mir meinen Zeh gebrochen!«

Papa kam schnell und untersuchte den Zeh. Der war doch hoffentlich nicht gebrochen? Nein, der sah ganz und gesund aus, aber Zackarina schrie trotzdem.

»Was ist denn mit dir los?«, fragte Papa. »Sonst weinst du doch nicht bei so einer Kleinigkeit. Du fällst doch sonst auch den ganzen Tag hin und sagst keinen Mucks!«

»Das ist etwas anderes«, schluchzte Zackarina. »Beim Spielen tut es ja nicht weh, weil es lustig ist, wenn man hinfällt.«

Papa nahm seine arme, kleine, mutige Zackarina auf den Arm. Er blies auf den Zeh und tröstete sie. Das half – aber erst nach einem Pflaster, zwei Tellern Brennnesselsuppe und drei Pfannkuchen mit Himbeermarmelade.

Und unten am Strand, da flitzte der Sandwolf auf Zackarinas Fahrrad herum. Er wirbelte umher, rutschte, überschlug sich und fiel hin, weil er auch mutige blaue Flecken haben wollte. Aber die bekam er nicht, denn Sandwölfe tun sich nie weh. Die Armen!

Zu Hause beim Sandwolf

Eines Tages fand Zackarina einen Brief auf der Treppe. Er war auf einem sehr kleinen Stück Rinde geschrieben, mit kleinen schnörkeligen Buchstaben. Sie wusste sofort, dass der Brief für sie war. Sie wusste auch, wer den Brief geschrieben hatte. Das war natürlich der Sandwolf gewesen.

»Schau mal!«, rief sie. »Ich habe einen Brief bekommen.«

Das Küchenfenster war offen. Mama schaute heraus und wirkte ziemlich erstaunt.

»Aber heute ist doch Sonntag«, sagte sie. »Am Sonntag kommt keine Post.«

»Es gibt auch ungewöhnliche Briefe«, sagte Zackarina, »die nicht mit der Post kommen.«

Jetzt schaute auch Papa aus dem Fenster.

»Darf ich mal sehen?«, fragte er.

Sie zeigte ihm das Stück Rinde. Er wendete und drehte es.

»Was steht da?«, fragte Mama.

»Hier steht«, sagte Papa und tat so, als ob er lesen würde: »Alle, die Regenwürmer in die Badewanne gelegt haben, sollen sie herausnehmen – sofort.«

»In die Badewanne?«, fragte Mama.

»Falsch«, sagte Zackarina. »Hier steht etwas anderes.«

Sie nahm die Rinde und las:

Liebe Zackarina.
Komm mich bitte besuchen.
Um drei Uhr gibt's Tee und Kuchen.
Liebe Grüße, der Sandwolf

Mama fragte, wer der Sandwolf sei, und Zackarina sagte, das sei jemand, den sie kenne, einer, der recht selten vorkomme.

»Aha«, sagte Papa. »Weißt du denn, wo er wohnt?«

»Ja, das weiß ich«, sagte Zackarina.

Punkt drei Uhr war sie am Strand, in einer

sauberen Bluse und mit einem Strauß Löwenzahn in der Hand. Mama hatte gesagt, dass es höflich sei, Blumen mitzubringen, wenn man zum Tee eingeladen sei.

Zackarina wartete eine Weile. Dann rief sie ein höfliches und freundliches Hu-hu! Aber kein Sandwolf antwortete und kein Sandwolf erschien.

Da fiel ihr plötzlich etwas ein. Sie war ja noch nie beim Sandwolf zu Hause gewesen. Sie hatte keine Ahnung, wo er wohnte.

Aber das muss doch hier in der Nähe sein, dachte sie – und begann zu suchen.

Nun war es so, dass der Strand ziemlich klein war, aber doch so groß, dass man zwei verschiedene Richtungen wählen konnte. In der einen Richtung gab es hauptsächlich Klippen und Steine. In der anderen Richtung wuchsen hohes Schilf und dichte Wacholdersträucher. Zackarina beschloss, dass der Sandwolf zwischen den Sträuchern wohnte, und so ging sie in diese Richtung.

Bald fand sie Tatzenspuren. Sie führten direkt in das raschelnde Schilf hinein, auf der anderen Seite wieder hinaus und hin zu einem stacheligen Wacholderstrauch.

»Hallo?«, rief sie, erhielt aber keine Antwort.

Da hob sie einen Zweig hoch und kroch unter den Busch. Und genau – sie war zur richtigen Stelle gekommen. Hier wohnte der Sandwolf, das sah man. Auf dem Boden lagen ein Haufen weißer Schnecken und ein typischer Stein zum Krallenschärfen. An den Zweigen des Busches hingen Kränze wilder Blumen. Sie rochen würzig, ungefähr wie Tomatensalat.

Aber der Sandwolf selbst war nicht zu Hause.

Komisch, dachte Zackarina, hatte er vergessen, dass sie heute Tee trinken sollten? Sie ging hinaus und schaute sich um. Ha! Dort kam er in vollem Lauf über den Strand, wie ein funkelnder Sandsturm.

»Hallo, Zackarina! Hast du den Brief bekommen? Gut! Schön, dich zu sehen! Blumen? Für mich? Danke!«, rief er und verschwand im Wacholderbusch.

Zackarina hörte, wie er dort drinnen herumwühlte und grub und murmelte: ». . . vergessen . . . die . . . muss ich holen . . . eine solche . . .«

Und dann tauchte er wieder auf, mit einer Teetasse in der Tatze, und lief durch das Schilf, zurück über den Strand, den gleichen Weg, den er eben gekommen war.

Als er fast bei den Klippen angelangt war, blieb er stehen und drehte sich um.

»Auf was wartest du denn? Komm doch!«, rief er und glitt hinter einen Stein.

Zackarina lief ihm nach, durch das Schilf, über den Strand und zwängte sich zwischen den Steinen hindurch. Dort, unter einer Klippe, fast wie in einer Grotte, standen Tee und Kuchen auf einem platten Stein. Die Tassen waren an der Kante ein bisschen angeschlagen, aber dünn und leicht wie Spinnweben.

Sie sah sich in der Klippengrotte um. Ja doch, hier wohnte der Sandwolf. Das sah man. Auf dem Boden lagen Sträuße wilder Blumen. An den Wänden saßen weiße Schnecken in runden Mustern.

Der Sandwolf stellte den Löwenzahnstrauß in eine Dose mit Wasser.

»Wie schön du es hier hast«, sagte Zackarina. »Und wie viele ...«

»Honig!«, unterbrach sie der Sandwolf. »Bestimmt willst du Honig im Tee haben?«

Zackarina wollte, und der Sandwolf lief davon – aus der Grotte, über den Strand, zu dem Busch – und war eine Weile fort.

Dann kam er zurück, mit Honig.

Sie setzten sich auf den Boden. Es gab zwei Sachen, Vanillekekse und Sandkuchen.

Zackarina schenkte den Tee ein. Er war grün und schmeckte nach Kiefern und Walderdbeeren.

»Och, jetzt habe ich die Teelöffel zu Hause vergessen. Wir müssen mit Ästchen umrühren.«

»Wo wohnst du eigentlich?«, fragte Zackarina. »In dem Busch oder hier in der Grotte?«

»Tja, ich wohne wohl ein bisschen hier und ein bisschen dort«, sagte der Sandwolf.

»Aha, du meinst, ein bisschen überall?«, fragte Zackarina.

»Nein«, sagte der Sandwolf, »ich meine, dass ich hier und dort wohne, hier in der Grotte und dort im Busch.«

»An zwei Stellen?«, fragte Zackarina. »Gleichzeitig?«

Der Sandwolf nickte. Genau so, an zwei Stellen.

Zackarina fand das schwierig.

»Weil du so viel laufen musst«, sagte sie. »Laufen und alle Sachen holen, die du vergessen hast, wie den Honig zum Beispiel.«

»Oder ich muss eben ohne manche Sachen auskommen«, sagte der Sandwolf. »Ohne Teelöffel zum Beispiel.«

»Aber warum wohnst du nicht nur an einer Stelle?«, fragte Zackarina.

»Aber wo?«, sagte der Sandwolf. »In der Grotte oder im Wacholderbusch?«

»Ich finde, du solltest am besten Ort wohnen«, sagte Zackarina.

»Ja, natürlich!«, sagte der Sandwolf. »Was für eine gute Idee!«

Er schlürfte seinen Tee und überlegte. Der beste Ort? Das war wohl doch der Wacholderbusch. Er war grün und roch nach Moos und Wald. Aber die Grotte war auch der beste Ort. Zum Verkriechen eignete sie sich hervorragend, außerdem hatte sie Steinwände. Und beide Stellen mochten den Sandwolf gleich gern. Dessen war er sich sicher. Sowohl der Busch als auch die Grotte wollten, dass er genau dort wohnen sollte.

»Weißt du was«, sagte der Sandwolf, »ich kann mich nicht entscheiden. Es ist unmöglich. Ich muss hier und dort wohnen.«

Er lächelte und reichte ihr höflich die Kuchenplatte.

»Bitte schön!«, sagte er. »Nimm noch ein Stück Kuchen. Die Vanillekekse sind doch wunderbar, nicht wahr?«

Zackarina stimmte zu. Die Vanillekekse waren sehr gut, und sie aßen und tranken und legten ein Schneckenschalenpuzzle, und um Punkt fünf Uhr kam Zackarina nach Hause, satt, dass es in ihrem Magen gluckste. Mama und Papa wollten wissen, wie es beim Teetrinken gewesen war.

»Gut«, sagte Zackarina. »Aber wisst ihr, dass der Sandwolf an zwei Stellen wohnt? Luxus, findet ihr nicht auch?«

»Ja, unglaublich«, sagte Papa.

»Wirklich unglaublich«, sagte Mama und sie meinte Zackarinas Bluse. Die war vor zwei Stunden ganz sauber gewesen. Jetzt war sie voller Flekken, meist grüne und braune.

»Was hast du eigentlich die ganze Zeit gemacht?«, fragte Mama.

»Kuchen gegessen«, sagte Zackarina. »Vor allem Sandkuchen. Der war sehr gut.«

Sie setzte sich an den Küchentisch und schaute zum Fenster hinaus. Sie bedauerte sich selbst ein bisschen, weil sie nur an einem Ort wohnte. Der gleiche alte Ort, die ganze Zeit.

Aber unten am Strand, da saß der Sandwolf. Mitten auf dem Strand. Er schaute nach Osten und er schaute nach Westen. In der einen Richtung hatte er seinen Wacholderbusch. In der anderen Richtung hatte er seine Grotte. Aber wohin hatte er den Kuchen gelegt? Das letzte, kleine, leckere Kuchenstück, das er sich zum Abendessen aufgehoben hatte.

»Ho ho, ja ja«, seufzte der Sandwolf und fragte sich, warum der Busch nicht neben der Grotte wachsen wollte.

Zackarina-Sprache

Fast jeden Tag bekam Zackarina Haferbrei zum Frühstück und fast jeden Tag fragte ihr Papa, ob sie Zucker oder Apfelmus auf den Haferbrei haben wollte.

Aber eines Tages, als Papa die gleiche, alte Frage stellte, schaute Zackarina auf ihren gleichen, alten Brei. Schließlich antwortete sie, aber sie sagte weder Zucker noch Apfelmus. Sie sagte: »Runteli.«

»Was?«, fragte Papa.

»Runteli Schrunteli rüßsüß hüß hüß«, sagte Zackarina.

»Ja, ja«, sagte Papa. »Aber willst du nun Zucker oder Apfelmus?«

Zackarina fühlte sich ganz leer im Kopf. Apfelmus? Was bedeutete das? Es klang überhaupt nicht gut. Wenn sie nicht Runteli Schrunteli rüßsüß hüß

hüß auf ihren Brei bekäme, dann wollte sie überhaupt keinen Brei haben, und das sagte sie auch zu Papa.

»Ja, ja, Schrott und Quatsch«, sagte Papa und streute Zucker über den Haferbrei.

»Falsch«, sagte Zackarina.

Sie schob den Teller weg und ging hinaus. Das Wetter war sommerschön und das Meer gluckerte blau. Oben am Himmel leuchtete etwas Gelbes, das gewöhnliche, langweilige Menschen »Sonne« nannten. Zackarina fühlte, dass man sie auch ganz anders nennen konnte.

Sie ging hinunter zum Strand. Weit draußen auf der glatten Klippe lag der Sandwolf und unterhielt sich ein bisschen mit den Wellen. Er sagte:»Gluck«, und sie sagten das Gleiche: «Gluck, gluck.« Der sandige Pelz funkelte, und als er Zackarina entdeckte, lächelte er sein wildes, weißes Wolfslächeln.

»Und was weißt du heute?«, fragte er.

»Dass ich Sprachen sprechen kann«, sagte Zackarina. »Kannst du das auch?«

»Absolut«, sagte der Sandwolf. »Frenglisch, ranzösisch, brussisch und buschisch und vollkommen fließend bablisch.«

»Ich habe eine eigene Sprache, die nur meine ist«, sagte Zackarina.

»Darüber solltest du sehr froh sein, finde ich«, sagte der Sandwolf. »Nicht alle haben eine eigene Sprache.«

Zackarina blinzelte auf das schimmernde Meer und dachte nach. Froh? Vielleicht. Aber es war doch sehr schade, dachte sie, dass niemand anders ihre Sprache verstand, auf jeden Fall Papa nicht. Und welchen Sinn hat eine Sprache, die nur sie verstand und sonst niemand?

Der Wind säuselte. Die Wellen plätscherten.

Zackarina setzte sich neben den Sandwolf, schwer wie ein Stein.

»Nasseli wasseli welliwell schaukeli plitsch platsch«, sagte sie leise für sich.

Der Sandwolf spitzte die Ohren und nickte.

»Meer«, sagte er. »Das bedeutet Meer, was du da gesagt hast. Und natürlich muss das Wort in deiner Sprache sehr lang sein, weil das Meer so groß ist, und das Wort muss dem Meer gleichen – nasseli wass.«

Zackarinas Herz machte einen freudigen Sprung. Sie versuchte es erneut.

»Säuseli rauscheli rascheli pfeif schilf«, sagte sie.

Der Sandwolf hörte sofort, dass sie vom Wind sprach – der säuselnde Wind, der im Schilf pfiff, sodass es rauschte und raschelte. Zackarina fühlte sich plötzlich leicht wie ein Luftballon. Der Sandwolf verstand jedes Wort! Nun waren sie zwei, die die Sprache sprechen und miteinander reden konnten.

»Rolleri purzeli hurzeli roll roll?«, fragte sie.

Der Sandwolf setzte sich kerzengerade auf. Na klar! Purzelbäume! Das war eine tolle Idee. Sie purzelten wie zwei Knäuel über den Strand und machten viele Purzelbäume hintereinander, bis ihnen so schwindelig war, dass sie umfielen. Der Himmel drehte sich, die Welt drehte sich, und im Sand auf dem Strand, mitten in der Welt, lagen sie und riefen sich Wörter zu.

»Gelbi heißi scheinschön strahlprahl!«

»Glücki krächzi krah kroh krah!«

Als die Welt schließlich aufhörte, sich zu drehen, rollte sich Zackarina zum Sandwolf. Er saß still, sehr still und schielte. Mitten auf seiner schwarzen Nase saß ein gelber Schmetterling.

»Ein Zitronenfalter«, flüsterte der Sandwolf. »Obwohl ich mich frage, wie er auf Falterisch heißt.«

Sie saßen leise und schauten auf den Schmetterling, der seine Flügel langsam öffnete und schloss.

Das Meer gluckerte nasseli wass. Die Sonne schien schön und der Wind pfiff im Schilf.

»Lebelich gerneli hierli«, sagte Zackarina. »Hierli in Welteli.«

»Ich auch«, sagte der Sandwolf.

Als Zackarina nach Hause kam, hatte Papa Pfannkuchen gebacken.

»Ich dachte, dass du vielleicht hungrig bist«, sagte er. »Du hast ja nicht gefrühstückt.«

Zackarina deckte den Tisch, und Papa fragte ein wenig vorsichtig, ob sie etwas Besonderes auf die Pfannkuchen haben wollte.

»Apfelmus bitte«, sagte Zackarina.

»Wie schön, dass du wieder so redest, dass man es verstehen kann«, sagte Papa.

»Mmmm«, sagte Zackarina.

Und unten am Strand lag der Sandwolf und hob ganz sachte die Vordertatzen an und senkte sie wieder. Er hatte fast gelernt, auf Falterisch zu flattern.

Zappelnde Beine

Zackarina hatte die besten Beine der Welt. Sie konnten fast alles machen. Sie konnten laufen und springen und Fahrrad fahren und tanzen, Fußball spielen im Sommer, Ski fahren im Winter und viel, viel mehr. Aber eine Sache konnten sie nicht gut – sie konnten nicht ruhig und still halten. Auf jeden Fall dann nicht, wenn Papa oder Mama es sagten.

Eines Tages, als sie beim Abendessen saßen, sagte Mama: »Liebe Zackarina, sitz still!«

Zackarina schaute Mama erstaunt an. Sie saß doch schon still! Hatte die ganze Zeit still auf ihrem Stuhl gesessen, seit sie zu essen angefangen hatten. Nur gesessen und geschaut und gedacht und die Fischsuppe gelöffelt.

»Ich sitze doch still«, sagte sie, »oder meinst du so still?«

Sie erstarrte und wurde steif wie ein Stock, mit dem Löffel im Mund und starren Augen und stocksteifen Fingern.

»Mama meint, mit den Beinen still sitzen«, sagte Papa. »Der ganze Tisch wackelt ja, wenn du so herumzappelst!«

Zackarina hob die Tischdecke an und guckte unter den Tisch. Dort waren viele Beine und zwei waren ihre und eins davon trat an ein Tischbein –

plonk, plonk, plonk. Obwohl es nicht ihre Absicht war, an den Tisch zu treten. Die Beine zappelten von selbst, und sie konnte doch nichts dafür, dass der Tisch im Weg war. Das sagte sie auch zu Mama und Papa.

»Das ist wohl nicht meine Schuld, dass der Tisch im Weg steht«, sagte sie.

»Zackarina! Sitz still!«, sagte Mama.

Und Zackarina versuchte wirklich, still zu sitzen und auf ihre Beine aufzupassen. Zur Sicherheit hielt sie die Beine mit einem Arm fest, damit sie auf keine zappeligen Ideen kommen konnten.

Es war recht schwer, gekrümmt zu sitzen und nur mit einer Hand zu essen. Milch konnte sie so überhaupt nicht trinken, weil das Glas viel zu groß war. Zackarina musste es ganz einfach mit beiden Händen halten. Aber sobald sie die Beine losließ, fingen sie an, wieder an den Tisch zu treten. Zackarina merkte nichts, aber Mama und Papa schon.

»Zackarina!«, sagten beide gleichzeitig.

»Ja, was ist denn?«, fragte sie.

»Der Tisch wackelt!«, sagte Papa.

»Hör auf zu treten!«, sagte Mama.

»Aber das war ich nicht, das waren meine Beine«, sagte Zackarina.

»In diesem Fall«, sagte Mama, »ist es am besten, wenn du mit ihnen sprichst.«

»Und das deutlich«, sagte Papa.

»Dass sie sich ruhig verhalten sollen, während wir essen«, sagte Mama.

»Genau«, sagte Papa.

»Ja, ja«, sagte Zackarina, »ich werde mit ihnen sprechen.«

Nach dem Abendessen ging Zackarina hinunter zum Meer. Sie setzte sich auf einen Stein am Strand und streckte die Beine aus. Sie zuckten etwas. Sie hatten Lust zu laufen oder vielleicht wollten sie springen. Aber Zackarina schaute streng auf sie hinunter.

»Versucht es ja nicht!«, sagte sie. »Ihr sollt nicht zappeln!«

»Und warum nicht?«, fragte eine neugierige Stimme.

Zuerst glaubte Zackarina, es wären ihre Beine, die sprachen, aber die waren es natürlich nicht. Es war der Sandwolf. Plötzlich lag er einfach da, dicht neben ihr, groß und gelb und sandig wie eine ganze Wüste.

»Gezappel«, sagte er. »Oh, köstliches Gezappel! Das ist mindestens genauso gesund wie Apfelsinenvitamine und schmeckt mindestens genauso gut.«

»Gezappel schmeckt ja wohl nicht«, sagte Zackarina.

»Na klar tut es das«, sagte der Sandwolf. »Schmeckt gut im Körper! Lecker bis in die Knochen!«

Er warf sich hin, rollte herum, scharrte und trat und zappelte mit allen vier Beinen, sodass der Sand aufspritzte.

»Man muss zappeln, sonst stirbt man!«, heulte er. »Komm schon, Zackarina – mach mit!«

Sie blieb auf dem Stein sitzen.

»Was ist mit dir?«, zappelte der Sandwolf. »Bist du versteinert?«

»Ne, aber Papa und Mama finden, dass ich zu viel zappele und trete«, sagte Zackarina. »Auf jeden Fall, wenn wir essen.«

»Ha! Zu viel«, schnaubte der Sandwolf. »Die haben gut reden. Sie sind ja erwachsen. Sie haben es vergessen.«

»Was denn vergessen?«, fragte Zackarina.

»Dass es im ganzen Körper zuckt und knackt, wenn man wächst, Popopopopcorn überall!«, sagte der Sandwolf. »Das weißt du, das weiß ich, das weiß jede kleine Kröte. Aber Erwachsene wachsen nicht mehr, die haben vergessen, wie es sich anfühlt!«

Er sprang auf und begann, über den Strand zu hüpfen, und sang mit einer Stimme, die wie altes Sandpapier klang:

»Man sitzt nicht wie ein toter Fisch,
wenn's in einem lacht und kracht,
und die Beine, die zappeln am Tisch!«

Da konnten sich ihre Beine keine Sekunde länger ruhig halten. Sie sprangen auf und liefen hinter dem Sandwolf her, und Zackarina musste natürlich mitkommen, als die Beine abhauten. Sie sprang und sang – so hoch und laut, dass sie nicht merkte, wie der Sandwolf verschwand und Mama und Papa zum Strand herunterkamen. Aber als sie siebzehn Runden gesprungen war und ein bisschen ausruhen musste, sah sie die beiden.

»Ich habe mit den Beinen gesprochen«, sagte sie. »Ich habe ihnen gesagt, dass sie nicht zappeln sollen, aber ich weiß nicht, ob sie es verstanden haben.«

»Aber ich habe auf jeden Fall etwas verstanden«, sagte Papa.

»Ich auch«, sagte Mama.

Und so fassten sie sich an den Händen und fingen an zu springen, ein bisschen vorsichtig, und sangen:

»Man sitzt nicht wie ein toter Fisch,
wenn's in einem lacht und kracht,
und die Beine, die zappeln am Tisch!«

Zackarina lachte und hüpfte zwischen Papa und Mama, und zusammen sangen und sprangen alle drei, solange sie konnten. Natürlich konnte Zackarina am längsten springen, weil sie ja die besten Beine der Welt hatte. Aber niemand von ihnen merkte, dass der Sandwolf dort ganz in der Nähe saß und lächelte und zuschaute. Denn wenn man richtig ruhig und still wie ein Sandwolf ist, dann wird man fast unsichtbar.

Dummes Gemecker

Im Haus am Meer lief Zackarinas Papa umher und suchte etwas sehr Wichtiges – den Autoschlüssel! Er konnte nicht begreifen, wo er geblieben war. Er war nicht in der Hosentasche und nicht am Haken an der Tür, auch nicht in der Schale auf dem Tisch. Er war ganz einfach weg.

Zum Schluss kroch Zackarinas Papa auf dem Boden herum und suchte, verschwitzt und verstört. Mitten im Suchen kam Zackarina angelaufen, direkt in die Küche hinein, ohne die Gummistiefel auszuziehen. Sie war im Garten gewesen und hatte die Regenwürmer gefüttert.

»Wollen wir nicht bald fahren?«, fragte sie. »Zum Laden?«

»Zackarina! Die Schuhe!«, knurrte Papa. »Nein, wir können nicht fahren!«

»Aber wir wollten doch«, sagte sie. »Du hast es gesagt! Zuerst musst du Holz hacken, hast du gesagt, und dann fahren wir und kaufen Eis – das hast du gesagt.«

Papa zeigte auf Zackarinas nasse, lehmige Gummistiefel.

»Die Schuhe!«, sagte er. »Zieh dir die Schuhe aus, bevor du reinkommst! Wie oft muss ich das denn noch sagen?«

»Das weiß ich doch nicht«, sagte Zackarina. »Aber das Eis! Du hast es versprochen, das hast du. Du hast gesagt, wir werden Eis kaufen fahren. Waffeleis, hast du gesagt.«

»Zieh dir die Schuhe aus und hör auf, wegen diesem elendigen Eis zu meckern!«, sagte Papa.

Zackarina verzog den Mund zu einer wütenden Grimasse. Jetzt war Papa wirklich ungerecht! Sie hatte doch nicht gemeckert. Sie hatte nur gefragt. War es vielleicht verboten, eine einfache kleine Frage zu stellen?

»Du meckerst«, sagte sie. »Du meckerst und meckerst wegen der Schuhe, die ganze Zeit, und jetzt tun mir die Ohren weh und das ist deine Schuld!«

Zackarina stiefelte hinaus. Eben war sie noch so glücklich gewesen, eisglücklich. Jetzt war sie nur ärgerlich. Schuhe hin oder Schuhe her! Warum muss man sich die ganze Zeit die Schuhe ausziehen, wenn man sie dann sowieso wieder anzieht?

Dummer Papa, dachte Zackarina. Kriecht nur auf dem Boden herum und meckert den ganzen Tag.

Sie trat gegen eine kleine Fichte, die gerade im Weg stand. Eine Elster, die in der Fichte wohnte, flatterte auf und begann zu krächzen.

»Still!«, sagte Zackarina und hielt sich die Ohren zu. »Ich will dich nicht hören!«

Aber die Elster krächzte einfach weiter. Es half nicht, dass Zackarina schrie und mit den Armen wedelte. Die Elster blieb einfach sitzen und krächzte ihr meckeriges Gekrächze.

»Dummkopfelster! Meckerelster!«, schrie Zackarina. »Ich pfeif auf dich, hörst du!«

Sie machte einen Blitzstart und lief hinunter zum Strand.

Aber die Elster gab nicht auf. Sie folgte ihr! Flog zwischen den Baumkronen umher, wippte wichtigtuerisch mit dem Schwanz und machte weiter mit ihrem Kra-kra-krächz.

»Still, habe ich gesagt! Halt den Schnabel!«, schrie Zackarina.

Da erwachte der Sandwolf. Er hatte dagelegen und geschlafen und einen sehr interessanten Traum geträumt, als Zackarina kam und ihn weckte. Er stand auf, gähnte tief und war recht mürrisch.

»Ja, meine Liebe, das werde ich!«, sagte er. »Ich werde still sein wie eine Maus, ich werde sogar schlafen, wenn du mich nur nicht anschreist!«

»Ich habe diese dumme Elster da angeschrien«, sagte Zackarina. »Die ist so meckerig!«

Die Elster hatte sich auf einen Stein gesetzt. Sie krächzte immer noch, allerdings nicht mehr so laut. Sie war müde im Hals geworden und heiser.

Der Sandwolf spitzte die Ohren und hörte zu.

»Sie versucht bestimmt, dir etwas zu sagen«, sagte er. »Aber weil du nicht zuhören willst, muss sie das Gleiche viele Male wiederholen.«

Zackarina wurde neugierig. Wollte die Elster wirklich mit ihr sprechen? Erneut öffnete die Elster den Schnabel, und Zackarina wartete mit offenen Ohren, aber aus dem Schnabel der Elster kam kein einziger Laut.

»Aha, jetzt hat sie von dem ganzen Gekrächze die Stimme verloren«, sagte der Sandwolf.

Er rollte sich wieder in den Sand. Er wollte weiterschlafen und zu Ende träumen.

»Gemecker«, sagte er, »das ist eine Art kaputtes Sprechen. Sprechen, das nicht funktioniert, und der eigentliche Fehler sitzt oft in den Ohren.«

»Kann ja wohl nicht sein«, sagte Zackarina. »Man spricht doch nicht mit den Ohren. Ich auf jeden Fall nicht.«

»Nein, man hört mit ihnen zu«, sagte der Sandwolf und schlief ein.

Zackarina bereute, dass sie der Elster nicht zugehört hatte. Wenn die nun versucht hatte, ihr etwas wirklich Wichtiges zu sagen? Dass irgendwo ein heimlicher Schatz vergraben war oder dass jemand Hilfe brauchte.

Ein armer kleiner Vogel vielleicht, dachte Zackarina, der aus dem Nest gefallen ist und nicht mehr hochkommt, und Pettersons Katze will ihn fressen! O nein, wie schrecklich! Die Elster hob ab und flog ein Stückchen weiter. Zackarina folgte ihr.

Die Elster flog noch ein bisschen weiter, legte den Kopf schief und schaute Zackarina an.

»Okay, ich verstehe«, sagte sie. »Du willst mir etwas zeigen, hab ich Recht?«

Die Elster flog weiter, von Ast zu Ast, und Zackarina folgte ihr. Hoch zum Haus, am Apfelbaum und am Garten vorbei, bis zum Holzschuppen. Dort setzte sich die Elster ganz oben auf den Holzhaufen und blieb sitzen.

»Holzhaufen?«, fragte Zackarina. »War es das, was du sagen wolltest? Holzhaufen?«

Die Elster blinzelte.

»Sehr lustig, vielen Dank«, sagte Zackarina und dachte, dass Elstern doch ziemlich doof seien.

Fast genauso ermüdend wie ungerechte, meckernde Papas. Aber gerade, als sie sich umdrehte und weggehen wollte, sah sie etwas zwischen zwei Holzscheiten hervorblinken.

Ja! Ein Schatz!, dachte Zackarina und streckte ihre Hand in den Holzhaufen. Aber es war kein Schatz. Es war nur der Autoschlüssel.

Zackarina wurde klar, dass Papa ihn beim Holzhacken verloren haben musste. So nahm sie den Schlüssel und lief zu Papa in die Küche – mit Gummistiefeln.

»Schau, was ich gefunden habe«, sagte sie. »Im Holzhaufen.«

Papa wurde sehr froh. Er nahm sie in die Arme und hob sie hoch bis zur Decke und sagte, dass sie ein Segen sei. Aber dann sah er die Gummistiefelspuren. Lehm und kleine Steinchen, ein bisschen Wald und ein bisschen Strand lagen in kleinen Häufchen auf dem Boden.

Er seufzte.

»Ich *will* nicht meckern«, sagte er. »Aber die Schuhe! Zieh sie aus!«

»Aber warum?«, fragte Zackarina.

»Weil es nicht gut ist, Erde und kleine Steinchen in der Küche zu haben«, sagte Papa. »Das gibt hässliche Flecken auf dem Boden. Und außerdem gibt es in der Erde Bakterien, die gefährlich sein können, wenn sie ins Essen kommen.«

»Aber warum hast du das denn nicht gleich gesagt?«, fragte Zackarina.

»Hab ich das nicht?«, fragte Papa.

»Nein, du hast nur ›die Schuhe, die Schuhe, die Schuhe‹ gesagt«, sagte Zackarina.

Sie zog die Gummistiefel aus, holte einen Handfeger und fegte den Boden so einigermaßen sauber.

»Danke«, sagte Papa.

»Bitte schön«, sagte Zackarina. »Und ich will auch nicht meckern, darum musst du richtig zuhören und antworten, denn nun frage ich zum letzten Mal: Wann fahren wir Eis essen?«

Papa hörte gut zu, dachte nach, dann antwortete er.

»Jetzt«, sagte er. »Jetzt fahren wir!«

Und jetzt – jetzt hatte der Sandwolf den Traum zu Ende geträumt. Der war so: Himbeeren und Honig. Gut verrühren. Eine Weile in der Sonne stehen lassen und simsalabim! Medizin für heisere Elstern.

Die unendliche Wurst

Zackarina stand am Strand und warf Steine ins Meer. Einen nach dem anderen, hoch durch die Luft und, blubb!, ins Wasser, immer wieder. Oben vom Haus rief Papa, das Essen sei fertig, aber Zackarina antwortete nicht. Sie hatte keine Zeit zu essen. Sie musste denken. Mehrere Tage lang hatte sie nun gedacht, an ein und dieselbe Sache, und der Gedanke war so groß, dass der Kopf fast platzte.

Der Gedanke war das Universum.

Blubb!

Es hatte angefangen, als sie und Papa eines Abends einen Spaziergang gemacht hatten. Nur eine kleine Runde zum Briefkasten und zurück. Draußen war es sternenklar gewesen, und Papa hatte nach oben gezeigt und erzählt, dass da der Polarstern sei und dort der Große Wagen. Zackarina hatte hinauf in den schwarzen Himmel geschaut, wo die Sterne wie kleine Nadelstiche leuchteten.

»Wie groß das ist«, hatte sie gesagt.

»Ja, unendlich«, hatte Papa geantwortet.

Zuerst hatte Zackarina nicht richtig verstanden, was er meinte. Papa hatte es erklärt: Unendlich bedeutet, dass etwas nicht aufhört – kein Ende hat. Und das Universum ist unendlich, hatte er gesagt. Es hat kein Ende.

Das hatte sie verstanden. Oder, besser gesagt, *nicht* verstanden. Unendlich? Ohne Ende?

Seitdem hatte sie fast die ganze Zeit an das Universum gedacht. Nicht so oft tagsüber. Da hatte sie so viel zu tun, und da war der blaue Himmel wie ein Dach – ein fast gewöhnliches Dach, das nur ungewöhnlich weit oben war. Aber am Abend, wenn es dunkel wurde, da verschwand das blaue Dach und das schwarze Universum kam hervor.

Nun war es bald Abend und das Universum lauerte hinter dem Sonnenuntergang.

Es muss ein Ende haben, dachte sie. Alles hat ein Ende! Eine Wurst, zum Beispiel, hatte einen Anfang und ein Ende. Und zuerst ist es Morgen und dann wird es Abend, und so beginnt und endet ein Tag. Sogar der längste Zug der Welt hat einen allerletzten Waggon und dann ist der Zug zu Ende.

Aber das Universum, dachte Zackarina, das geht immer weiter und weiter und weiter – ohne Ende!

Als sie das dachte, fühlte es sich an, als ob ihr der Kopf platzen würde, und das war nicht lustig. Sie hob einen neuen Stein auf. Der war schwarz und glänzte ein bisschen – und war weich! Zackarina kicherte und zog kräftig.

»Uhuuuu!«, heulte der Sandwolf. »Lass leine Lase los!«

Zackarina ließ los. Der Sandwolf grub sich aus dem Sand hervor.

»Das hat hoffentlich nicht wehgetan?«, fragte Zackarina.

»Natürlich nicht«, sagte der Sandwolf und sah ein wenig sauer aus – aber nur einen Augenblick lang. Dann fing er an zu glitzern und schnupperte neugierig an ihr.

»Du riechst wie ein Luftballon, der gleich platzt«, sagte er.

»Ich denke«, sagte Zackarina.

»An Luftballons?«, fragte der Sandwolf.

»An das Universum«, sagte Zackarina.

Der Sandwolf sagte, das sei ungefähr das Gleiche. Zackarina sagte, das stimme nicht.

»Du hast überhaupt keine Ahnung vom Universum«, sagte sie.

»Ha! Hab ich nicht?«, sagte der Sandwolf. »Wo ich doch schon überall im Universum gewesen bin!«

Zackarina trat so ärgerlich in den Sand, dass die kleinen Steine durch die Luft flogen. Ein sehr kleiner weißer Stein rollte bis zum Sandwolf.

»Ich mag das Universum nicht«, sagte sie. »Es ist zu groß.«

»Findest du?«, sagte der Sandwolf verwundert. »Verglichen mit was?«

»Was weiß ich!«, sagte Zackarina. »Einfach zu groß! Es hat doch kein Ende!«

Sie hätte weinen können. Hunger hatte sie auch. Dummes Universum. Man hatte ja noch nicht einmal Zeit zum Essen, nur weil es so riesengroß war. Sie suchte in der Hosentasche und fand einen klebrigen Bonbon, den sie in den Mund steckte. Er schmeckte ziemlich sandig.

Der Sandwolf nahm den weißen Stein auf. Er war ganz rund. Uuuunendlich rund.

»Es gibt ja eigentlich nichts, was zu Ende geht«, sagte der Sandwolf.

»Oh doch!«, sagte Zackarina. »Natürlich gibt es das.«

Sie schluckte den Bonbon hinunter, öffnete den Mund und zeigte hinein. Leer.

»Süßigkeiten«, sagte sie. »Die gehen immer zu Ende.«

»Aber sie verschwinden nicht«, sagte der Sandwolf. »Sie rutschen ja nur in den Magen und verwandeln sich in etwas anderes.«

»Ah«, sagte Zackarina.

»Siehst du«, sagte der Sandwolf. »Und so ist das überall im Universum. Nichts verschwindet, es verändert und verwandelt sich nur, immer wieder.«

Er zielte genau und kickte den weißen Stein davon, weit ins Meer hinaus. Am Himmel leuchtete der erste Stern. Plopp!

»Das Universum ist alles«, sagte der Sandwolf. »Alles, was es gibt! Es ist hier und jetzt und damals und dort. Es ist Licht und Dunkelheit, Galaxien und Sterne, Planeten, Kometen, Trompeten und Schlangen und Zangen – und solche kleine, sandige, rote Bonbons, die manchmal ganz unten in der Hosentasche liegen.«

»Wie der, den ich aufgegessen habe«, sagte Zackarina. »War der ein Teil des Universums?«

»Natürlich!«, sagte der Sandwolf. »Der war ein Teil des Universums. Und du auch, Zackarina – du bist auch ein Teil des Universums.«

»Bin ich das? Wirklich?«, fragte Zackarina.

Der Sandwolf lächelte nur und nickte, und für einen Augenblick war das Universum so klein, dass es im Schimmer seiner goldenen Augen Platz fand. Zackarina fühlte sich plötzlich so leicht und glücklich, dass sie fast nach Hause flog. Über den Strand, den Pfad hinauf, zwischen den Bäumen, durch den Garten, die Treppe hinauf, ins Haus hinein und in die Küche, und dort gab es Bratwurst zum Abendessen.

Mit dem Mund voller Kartoffelbrei erzählte sie Papa, dass er und sie genauso Universum seien wie irgendein Stern und dass die Unendlichkeit überhaupt nicht weit weg sei, weil es sie überall und jederzeit gebe.

»Unglaublich«, sagte Papa.

»Ja, das ist es!«, sagte Zackarina und spießte mit der Gabel das letzte Stück Wurst auf. »Ganz unglaublich!«

»Dass die Wurst schon zu Ende ist«, sagte Papa. »Und ich dachte, ich hätte so viel gebraten.«

Zackarina seufzte. Immer das Gleiche, dass er nie zuhörte.

»Aber Papa, die Wurst ist nicht zu Ende«, sagte sie. »Sie ist doch nur verwandelt.«

Sie schaute aus dem Fenster hinaus. Die Sonne war untergegangen. Am schwarzen Himmel leuchteten die Sterne.

So ist es, dachte Zackarina. Die Wurst ist unendlich. Sie auch.

Schüchtern, schüchterner, am schüchternsten

Zackarina sang gerne, am liebsten lange Lieder, die sie sich selbst ausdachte. Jetzt stand sie gerade auf der Treppe vor dem Haus am Meer und sang in ein Sprungseil. Der Griff des Hüpfseils war das Mikrofon und in das sang sie englische Popsongs für Mama und Papa. Die saßen unten auf dem Rasen und waren das Publikum, klatschten in die Hände und pfiffen wie bei einem richtigen Popkonzert.

»You ooo baby you love you blue«, sang Zackarina.

Mitten im Lied hörte man ein Auto, das auf der Landstraße hupte.

»Was denn jetzt?«, fragte Papa, stand auf und strich sich über seine Hose.

»Das kommt bestimmt hierher«, sagte Mama und stand auch auf und richtete sich die Haare.

Das Auto war groß und rot. Es bog in die Einfahrt, fuhr auf das Grundstück und hielt an. Die Autotüren wurden aufgerissen, und aus dem Auto stürzte ein ganzer Haufen Tanten und Onkel hervor – vier, fünf, sechs! Sofort war die Luft voller Stimmen. Es war ein Halli und Hallo, man schlug sich auf den Rücken und küsste sich auf die Wangen und alle redeten laut durcheinander.

»Wie schön, dass ihr zu Hause seid.«

»Ja, wir sind auf gut Glück losgefahren.«

»Was für eine Überraschung! Das ist ja eine Ewigkeit her!«

»Und wie schön ihr es hier habt!«

»Und das Wetter – und das Meer! Toll!«

Zackarina erkannte niemanden von den Tanten und Onkeln. Sie stellte das Sprungseilmikrofon ab und schaute zu, wie sich alle gegenseitig die Hände schüttelten. Als dies getan war, wurde es plötzlich sehr still. Die Worte waren sicherlich ausgegangen.

Aber da entdeckten sie Zackarina, und alle Tanten und Onkel riefen: »Oh, wie groß du geworden bist!«

»Als wir dich das letzte Mal gesehen haben, warst du ein kleines Baby«, sagte die Tante im grünen Kleid, »sooo klein!«

Sie hob ihre Hände hoch und sehr dicht zusammen und zeigte etwas, das ungefähr so groß war wie eine Ameise.

»So kleine Babys gibt es nicht«, sagte Zackarina.

Alle lachten. Mama und Papa lächelten.

Aber Zackarina lachte nicht. Sie fand überhaupt nicht, dass sie etwas Lustiges gesagt hatte.

»Also«, sagte Papa, als das Lachen schließlich verstummt war, »Zackarina hat gerade für uns gesungen, als ihr gekommen seid. Ja, sie singt gern, unsere Zackarina – eine schöne Stimme, das muss ich schon sagen.«

Warum denn?, dachte Zackarina. Warum muss er das sagen?

Die Tanten und Onkel waren sehr froh darüber, dass Zackarina gern sang. Sie riefen und sagten, das sei lustig und schön, und baten Zackarina etwas vorzusingen.

»Das machst du doch?«, sagten sie. »Du singst ein bisschen was, nicht wahr? Für uns?«

Alle schauten auf Zackarina, alle Augen waren auf sie gerichtet, wie sie da auf der Treppe stand. Allein. Die Tanten und die Onkel, Mama und Papa – alle schauten und lächelten und warteten. Auf ein Lied. Aber Zackarina wollte nicht singen. Sie warf das Sprungseil weg und lief die Treppe hinunter und weg, zum Meer und zum Strand.

Hinter sich hörte sie eine Tante sagen: »Sie ist wohl ein bisschen schüchtern.«

Zackarina erkannte die Stimme. Das war die Tante im grünen Kleid.

Unten am Strand lag der Sandwolf und blinzelte in die Sonne und schärfte seine Krallen. Zackarina setzte sich neben ihn.

»Muss man alles machen, was Erwachsene sagen?«, fragte sie.

»Nein, wirklich nicht«, sagte der Sandwolf.

»Das dachte ich mir«, sagte Zackarina.

Sie stocherte im Sand herum und dachte, wie schade es war, dass man keine Krallen hatte. Dann könnte man Sachen kaputtreißen, Kleider zum Beispiel, besonders grüne. Dann fragte sie den Sandwolf, ob es Babys gebe, die so klein wie Ameisen sind.

»Meinst du gewöhnliche Menschenbabys?«, fragte der Sandwolf.

»Ja, das meine ich«, sagte Zackarina.

Der Sandwolf dachte nach und sagte, dass es das nicht gebe.

»Das habe ich doch gesagt«, sagte Zackarina. »Aber sie haben mir nicht geglaubt. Sie haben nur gelacht.«

Sie erzählte dem Sandwolf von dem Popkonzert und dem roten Auto, von dem ganzen Halli und Hallo. Sie machte die Tante nach: »Ein sooo kleines Baby!«

»Wie eine Ameise, stell dir vor!«, sagte Zackarina. »Sie muss ja wohl bescheuert sein.«

»Arme Tante«, sagte der Sandwolf. »Sie hat vielleicht noch nie ein Baby gesehen.«

»Und dann wollten sie, dass ich singe«, sagte Zackarina.

»Sie mögen vielleicht Lieder und Musik«, sagte der Sandwolf.

»Dann können sie ja selbst singen«, sagte Zackarina.

»Vielleicht trauen sie sich nicht«, sagte der Sandwolf. »Vielleicht sind sie schüchtern.«

»Das sind sie nicht«, sagte Zackarina. »Sie plappern ja die ganze Zeit.«

Der Sandwolf spreizte seine Krallen. Es war wunderbar, wenn sie frisch geschärft waren.

»Wenn man nicht gesehen werden will, versteckt man sich. Unter einem Busch oder hinter einer Tür. Oder hinter einer Menge Geplapper und Gerede.«

Zackarina dachte eine Weile nach.

»Ich werde mich nicht verstecken«, sagte sie und ging heim.

Die Tanten und Onkel waren noch da. Sie saßen zusammen mit Mama und Papa am Gartentisch und plapperten schlimmer denn je. Jetzt tranken sie auch Kaffee und klapperten mit Tassen und Tellern.

Zackarina holte das Sprungseil und ging zum Tisch.

»Wollt ihr, dass ich für euch singe?«, fragte sie.

»Natürlich, ein Lied – wie schön!«, riefen alle.

»Obwohl ich doch so schüchtern bin«, sagte Zackarina.

»Ach, das macht doch nichts«, sagte ein Onkel.

»Stimmt, aber ich dachte, jemand anderer kann anfangen«, sagte Zackarina. »Dann singe ich danach.«

Sie reichte das Mikrofon dem grünen Kleid, der Tante, die glaubte, dass Babys so klein wie Ameisen sind.

»Du kannst anfangen«, sagte Zackarina.

»Ich?«, fragte die Tante und wurde ganz rot im Gesicht. »Nein, ich ... ich bin ein bisschen ... bisschen heiser heute ... ich kann nicht singen.«

Da tat die Tante Zackarina ein wenig Leid. Sie sagte, dass sie beide singen könnten, zusammen.

»Was willst du singen?«, fragte sie.

»Vielleicht ... ›Alle Vögel sind schon da‹? Das ist doch schön?«, sagte die Tante.

Und Zackarina sagte, dass es das sei, und dann sangen sie beide. Obwohl sie ja eigentlich fand, dass »Baby ooo love you blue« viel besser war.

Wer braucht Zackarina?

Im Haus am Meer, wo Zackarina und Mama und Papa wohnten, stand Papa in der Küche und seufzte. Die Spüle war proppenvoll mit klebrigen Tellern und schmutzigen Töpfen und unter dem Frühstücksabwasch versteckte sich das dreckige Geschirr von gestern Abend.

»Das ist zu viel«, sagte Papa. »Uff! Schlimm! Ich will nicht abwaschen!«

»Ich kann dir helfen«, sagte Zackarina. »Ich kann supergut abwaschen.«

Aber da sagte Papa, das sei überhaupt nicht nötig. »Es geht schneller, wenn ich es selbst mache«, sagte er. »Meistens wird es so unordentlich, wenn du abwäschst. Geh nach draußen und spiel stattdessen.«

Zackarina ging nach draußen. Sie sagte nichts,

aber sie dachte, ärgerliche und traurige Gedanken. Da wollte man nett sein und seinem armen müden Papa helfen, aber nein! Das war nicht nötig! Und was meinte er mit unordentlich? Fand er nicht, dass es schön wurde, wenn sie abwusch? Wo sie doch so genau war und jeden Teller einschäumte.

Zackarina ging hinunter zum Strand. Sie hoffte, dass dort der Sandwolf war, richtig wach und spielfreudig. Und er war wach. Sehr wach! Goldgelb und glitzernd flitzte er herum, grub mit den Pfoten und wühlte mit der Nase, sodass der Sand umherflog.

»Hallo«, sagte Zackarina.

Der Sandwolf hörte nichts. Er war voll und ganz mit Bauen beschäftigt, und das, was er baute, war ein Sandschloss. Zackarina fand, dass es lustig aussah, und wollte furchtbar gern mitmachen.

Aber der Sandwolf bemerkte sie nicht. Er wühlte nur weiter, in einer Riesengeschwindigkeit, und schwups! war das Sandschloss fertig – mit Türmen und Zinnen und Wallgraben und Zugbrücke und allem. Es war ein unglaublich schickes Schloss. Jedes Sandkorn lag am richtigen Platz.

Der Sandwolf setzte sich. Er legte den Kopf schief und bewunderte sein Schloss, glücklich und zufrieden.

»Ich bin wohl der beste Sandschlossbauer der Welt«, sagte er.

Zackarina fühlte, wie die Traurigkeit wuchs und zu einem Kloß im Hals wurde. Niemand brauchte sie. Papa nicht und der Sandwolf auch nicht. Er konnte ja alles am besten. Hatte ja schon zehntausend Millionen Jahre lang gelebt und konnte und wusste alles. Plötzlich sah er jedoch unzufrieden aus. Er rümpfte die Nase und schnaubte.

»Äääh! Die Fahne!«, sagte er.

Zackarina verstand sofort, was er meinte. Das Schloss war nicht perfekt. Es hatte keine Fahne! Und jeder Mensch wusste, dass ein richtiges Sandschloss eine eigene Fahne haben muss, eine flatternde Fahne, auf dem höchsten Turm.

»Aber wir haben doch eine«, sagte Zackarina. »Wir haben doch eine kleine Fahne.«

Endlich bemerkte der Sandwolf sie. Er sprang auf und wedelte mit dem Schwanz, glücklich und überrascht.

»Was? Haben wir das?«, fragte er. »Eine Fahne?«

»Ja, wir haben doch eine gefunden«, sagte Zackarina.

»Du und ich?«, fragte der Sandwolf.

»Ja, gestern«, sagte Zackarina. »Du hast gesagt, sie ist von Finnland. So eine Weihnachtsbaumfahne.«

»Gestern?«, fragte der Sandwolf.

Zackarina kicherte.

»Hast du das vergessen?«, fragte sie. »Hast du das Gedächtnis verloren?«

Der Sandwolf kratzte sich hinter dem Ohr und erklärte, dass sein Gedächtnis ungewöhnlich gut sei. Zum Beispiel konnte er sich sehr gut daran erinnern, wie die Dinosaurier rochen und wie es zuging, als der Mond entstand.

Aber an ein paar kleine Dinge, die sich erst gestern ereignet hatten, konnte er sich vielleicht etwas schwerer erinnern. Wie zum Beispiel an Weihnachtsbaumfahnen.

»Warte hier«, sagte Zackarina.

Sie lief zur Grotte und hob den dritten Stein von rechts auf. Dort lag sie. Weiß und blau und ein bisschen nass, denn sie hatten sie im Meer gefunden. Zackarina rannte zum Sandwolf zurück und schwenkte die kleine Fahne.

»Hier! Hier ist sie!«, rief Zackarina.

»Großartig«, sagte der Sandwolf.

Zusammen steckten sie die Fahne in den Sand, ganz oben auf dem höchsten Turm. Jetzt war das Sandschloss perfekt. Der Sandwolf sagte ein Gedicht auf, das er sich genau für diesen Augenblick ausgedacht hatte. Es hieß *Gedicht für ein fertiges Sandschloss* und lautete so:

»Fertig! Welch ein Spaß!
Das war's!«

Zackarina fand, dass das Gedicht sowohl kurz als auch gut war, und wollte es gern noch einmal hören. Der Sandwolf kratzte sich an der Nase und murmelte vor sich hin. Dann sagte er, dass dies ein typisches Einmalgedicht sei, das man am besten nur einmal hören sollte.

»Du hast es vergessen, was?«, fragte Zackarina.

Der Sandwolf scharrte mit der Pfote im Sand und nickte.

»Zackarina«, sagte er dann. »Würdest du mir beim Erinnern helfen? Bei solchen kleinen Sachen wie Gedichten oder Fahnen oder so? Machst du das?«

»Klar mach ich das«, sagte Zackarina.

Sie schauten eine Weile das Sandschloss an, und als sie genug geschaut hatten, machten sie es kaputt. Ansonsten könnten sie ja kein neues und noch besseres bauen, morgen oder so.

Als Zackarina nach Hause ging, war sie überglücklich – bis sie vor der Tür stand. Dort fiel es ihr wieder ein, Papa! Und der Abwasch! Wird nur unordentlich, wenn du hilfst, hatte er gesagt. Geht schneller, wenn ich selbst abwasche!

Ich werde nie mehr versuchen, ihm zu helfen, dachte sie und trat in die Küche.

Komischerweise sah es dort genauso aus wie vorher. Die Spüle war voll mit schmutzigen Töpfen und klebrigen Tellern. Und Papa, der lag auf dem Boden und versuchte, seine Hand in die Spalte unter dem Kühlschrank zu zwängen.

»Was machst du denn da?«, fragte Zackarina.

»Der Stöpsel!«, sagte Papa. »Der Stöpsel vom Spülbecken! Ist mir runtergefallen, und dann ist er ... hier ... unter ... ich kann nicht ... ich komm nicht dran!«

Zackarina legte sich auf den Bauch und streckte die Hand unter den Kühlschrank und zog den Stöpsel hervor.

»Du hast zu große Hände«, sagte sie und gab Papa den Stöpsel.

Er sagte danke und noch mal vielen Dank. Dann fragte er, ob sie immer noch beim Abwasch helfen wolle.

»Wollen oder nicht wollen«, sagte Zackarina. »Ich muss wohl, sonst wirst du ja nie fertig!«

Der Name im Stein

Zackarina tanzte auf dem Strand herum und sang. Sie war so glücklich, dass es kribbelte, im Bauch und überall, denn heute sollte Oma zu Besuch kommen.

»Runzelilu und graues Haar, klackediklack bald ist sie da«, sang Zackarina.

Der Sandwolf schaute aus seiner Grotte hervor. Er hatte heute lange geschlafen, weil er die ganze Nacht den Mondschein gejagt hatte. Nun streckte er sich aus, von der Nase bis zum Schwanz, und murmelte Zackarina guten Morgen zu.

»Von wem singst du?«, fragte er.

»Von meiner Oma. Denn weißt du was, sie kommt heute«, sagte Zackarina. »Mit dem Bus.«

»Deine Oma?«, fragte der Sandwolf. »Ist sie runzelilu?«

Zackarina nickte und sagte, ja, das sei sie. Sehr

runzelig, am meisten an den Händen und um die Augen herum. Und graues Haar hatte sie und war so alt und wackelig auf den Beinen, dass sie sich an einem Stock festhalten musste, damit sie nicht umfiel.

»Der hat einen Griff aus Silber«, sagte Zackarina. »Und es klackt auf dem Boden, wenn sie geht.«

Der Sandwolf spitzte seine großen Ohren. Er horchte und hörte ein schwaches klack, klack, klack ...

»Ich glaube, deine Oma ist hier in der Nähe.«

Zackarina schaute sich um und es stimmte. Weiter weg am Strand, auf den Klippen, zwischen Büschen und Steinen, da ging Oma. Sie ging langsam, viel langsamer als gewöhnlich, und schaute die ganze Zeit auf den Boden.

»Wie komisch sie geht«, sagte Zackarina.

»Sie sucht etwas«, sagte der Sandwolf und sah geheimnisvoll aus.

»Wirklich? Was denn?«, fragte Zackarina.

Der Sandwolf lächelte nur, legte sich in den Sand und sagte nichts.

Zackarina überlegte sich, dass es am besten war, Oma selbst zu fragen. Sie lief zu den Klippen, aber als sie dort ankam, war Oma plötzlich verschwunden. Einfach weg!

Zackarina suchte und rief: »Oma! Wo bist du?«

Ein blau gepunktetes Kleid raschelte. Ein Stock klackte gegen die Klippe. Dann hörte sie Omas Stimme.

»Wenn es Zackarina ist, die fragt«, sagte die Stimme, »dann bin ich hinter dem roten großen Stein. Wenn es jemand anderer ist, will ich nicht gestört werden.«

Zackarina schaute hinter den größten roten Stein. Dort saß Oma.

»Bist du hingefallen?«, fragte Zackarina. »Hast du dir wehgetan?«

»Nein, ich sitze«, sagte Oma. »Komm, für dich gibt es auch noch Platz.«

Zackarina setzte sich dicht neben Oma. Oh, wie gut sie roch! Oma legte den Arm um Zackarina. Der war weich und ein bisschen runzelig.

»Was hast du denn gesucht?«, fragte Zackarina.

»Den hier«, sagte Oma.

Sie klopfte mit dem Stock gegen einen platten, schwarzen Stein, groß wie eine Bratpfanne. Quer auf dem Stein stand etwas mit krakeligen Buchstaben geschrieben. Sie waren nicht wie gewöhnlich geschrieben, mit einem Stift – nein, jemand hatte die Buchstaben in den Stein gehauen, in den Stein eingeritzt.

»B R I T A«, sagte Oma. »So steht es hier. Brita.«

Zackarina legte die Hand auf den Stein, fühlte den Namen. Brita?

»Wer ist das?«, fragte sie.

»Das war meine Oma«, sagte Oma. »Vor fast hundert Jahren, als sie ein kleines Mädchen war, hat sie ihren Namen auf diesen Stein geschrieben.«

Zackarina versuchte sich vorzustellen, dass Oma eine Oma gehabt hatte, die ein kleines Mädchen gewesen war. Der Gedanke war wie eine lange Perlenkette mit vielen runden Perlen und alle Perlen hießen Oma.

»Britas Papa war Fischer«, sagte Oma. »Er fischte Heringe hier draußen und Brita half ihm. Sie nahm Fische aus und flickte Netze, im Sommer wie im Winter.«

»Spielte sie nie?«, fragte Zackarina.

»Doch, manchmal«, sagte Oma. »Aber sie arbeitete viel.«

Zackarina strich mit dem Finger über die Buchstaben. Sie wollte auch ihren Namen in den Stein ritzen. Wie machte man das? Wie hatte Brita das gemacht?

Oben vom Haus rief Mama, dass der Kaffee fertig sei. Oma ächzte und stöhnte und stand auf.

»Na, dann ist es wohl am besten, wir gehen«, sagte sie.

»Aber warte! Schau!«, sagte Zackarina.

Sie hatte noch etwas auf dem Stein entdeckt. Es sah aus wie ein Strichmännchen, war aber doch ein Tier. Ein Tier mit vier Beinen, großen Ohren und einem langen Schwanz.

»Der Sandwolf!«, sagte Zackarina. »Siehst du? Brita hat den Sandwolf gezeichnet!«

»Wolf?«, fragte Oma. »Ich finde, das sieht eher wie ein Hund aus.«

Sie zwinkerte Zackarina zu, nahm ihren Stock fest in die Hand und machte sich auf den Weg hinauf zum Haus.

Zackarina lief in die andere Richtung, zum Meer und zum Sandwolf. Er lag noch auf dem gleichen Fleckchen Sand wie vorher, platt wie eine Matte in der Sonne.

»Hast du jemanden gekannt, der Brita hieß?«, fragte sie. »Vor langer Zeit, also vor sehr langer Zeit?«

»Klar habe ich Brita gekannt«, sagte der Sandwolf. »Aber so lange ist das nicht her.«

»Sie war die Oma von meiner Oma«, sagte Zackarina.

»Ich weiß«, sagte der Sandwolf. »Und du bist ihre Ururenkelin.«

»Sie war ein kleines Mädchen«, sagte Zackarina. »Obwohl sie noch älter war als Oma. Kannst du dir das vorstellen?«

»Ja, das kann ich«, sagte der Sandwolf. »Aber kannst du dir vorstellen, dass du auch eine alte Oma bist – natürlich noch nicht richtig.«

Die letzten Worte hatte Zackarina nicht mehr

gehört. Sie war schon weg und hatte bereits ihre runzelige, mit dem Stock klackende Oma eingeholt. Aber der Sandwolf, der lag noch in der Sonne. Blinzelte und dachte an die kleine Ururoma Brita und an die alte Ururenkelin Zackarina – und an eine Halskette mit den allerschönsten Perlen, eine Halskette, die nie zu Ende geht.

Ein Fest?

Draußen schien die Sonne von einem blauen Himmel, aber zu Hause bei Zackarina, im Haus am Meer, war ein Unwetter im Gang. Zackarina war wütend. Sie blitzte wie ein Gewitter und heulte wie ein Sturm. Sie war auf Papa wütend und auf Mama. Papa hatte nämlich erzählt, dass er und Mama am Samstag auf ein Fest gehen würden und dass Zackarina nicht mitdürfe.

Sie konnte es kaum glauben. Das war das Ungerechteste, was sie je gehört hatte.

»Ich will auch mit zum Fest!«, heulte sie.

»Aber das ist ein Fest für Erwachsene«, sagte Papa.

»Und ich?«, weinte Zackarina. »Wollt ihr mich einfach hier lassen? Soll ich die ganze Nacht allein bleiben?«

»Natürlich nicht«, sagte Papa. »Wir werden jemanden finden, der auf dich aufpasst, das ist doch klar.«

Aufpassen? Na, jetzt wurde Zackarina noch wütender. Sollte auf sie aufgepasst werden, von einem Aufpasser? Das war ja wie im Gefängnis. Würde man sie auch einsperren? Womöglich in einen Keller mit Gitterfenstern? Und so sollte sie da sitzen und verhungern, während die anderen feierten und sich mit Torte voll stopften.

»Ich will keinen Aufpasser haben!«, schrie Zackarina und lief aus dem Haus.

Sie schlug die Tür so fest zu, dass es im ganzen Haus klapperte. Sie rannte direkt zum Strand hinunter. Sofort wollte sie dem Sandwolf erzählen, wie gemein sie waren, ihr Papa und ihre Mama.

Zum Glück lag er dort im Sand und glitzerte, genauso groß und wild wie immer. Er spielte mit einem kleinen Ball, weiß und flauschig. Warf ihn in die Luft und fing ihn mit seinen Tatzen auf.

»Weißt du was?!«, sagte Zackarina. »Papa und Mama sind verrückt. Sie wollen mich im Keller einsperren, ohne Essen und mit einem Aufpasser ... und sie ... sie ...«

Sie verstummte plötzlich und starrte auf den kleinen, weißen Ball. Er hatte Flügel! Kleine, kleine Flügel, und Arme und Beine, und er quiekte und lachte.

»Ein Engelbaby?«, fragte Zackarina. »Woher hast du es?«

»Vom Himmel natürlich«, sagte der Sandwolf.

Er fing das Engelkind auf, gab ihm einen Kuss und warf es wieder in die Luft. Es flog zu einer Fichte, setzte sich auf einen Ast und schaukelte.

»Ist das dein Baby?«, fragte Zackarina.

»Nein, Blödsinn!«, sagte der Sandwolf. »Ich passe nur auf, weil die Engelmama heute so beschäftigt ist.«

»Ha! Ich verstehe«, sagte Zackarina. »Die gemeine Engelmama ist natürlich auf einem Fest und das arme Engelkind darf nicht mit. Ungerecht!«

Der Sandwolf sagte, dass es so nicht ganz stimme. Aber dass die Engelmama auf einem Fest war, das stimme wohl. Und das war nicht irgendein Fest, sondern ein prachtvolles Krachfest.

»Man hört bis hierher, wie lustig es dort ist«, sagte der Sandwolf.

Zackarina horchte. Vom klaren Himmel herunter hörte man Lärm und Krach.

»Das sind tausende von Engeln«, sagte der Sandwolf, »die mit den Flügeln flattern und mit Tortenschaufeln klappern. Sie haben immer himmlischen Spaß auf ihren Festen.«

»Und warum darf das Engelkind nicht dabei sein und Spaß haben?«, fragte Zackarina.

Der Sandwolf schaute sie erstaunt an. Klar dürfte das Engelkind dabei sein, aber es wollte nicht.

Manche Sachen, die für Engelmamas lustig sind, sind für Engelkinder todlangweilig und umgekehrt! Und wenn die Engelkinder mal ein Fest hatten und ihre heimlichen Spiele spielten, wollten sie am liebsten auch keine großen Engel dabeihaben.

»Aber trotzdem«, sagte Zackarina. »Sie essen doch Torte.«

»Ja, genau«, sagte der Sandwolf. »Die Torte!«

Er glitt zwischen die Wacholderbüsche und holte einen Korb hervor. Dann pfiff er und das Engelkind kam sofort mit flatternden Flügeln angeflogen. Der Sandwolf band dem Engelkind ein Lätzchen um und öffnete den Korb, der voll gepackt war mit Engelessen und himmlischen Süßigkeiten.

Alle drei aßen, bis sie satt waren und rund wie Biskuitrollen, und nach dem Essen wollte das kleine Engelkind Fliegifnatt spielen.

»Wie geht das?«, fragte Zackarina.

Der Sandwolf wischte dem Engelkind den Mund ab und flüsterte Zackarina zu, dass dies ein albernes Spiel mit komischen Regeln sei. »Ganz einfach total langweilig«, flüsterte er.

»Das macht nichts«, flüsterte Zackarina zurück.

»Denn wenn man auf ein Engelkind aufpasst, soll man das machen, was das Kind will, damit es weiß, dass man es mag, und damit es nicht zu weinen anfängt, oder?«

Das fand der Sandwolf auch. Es war wichtig, dass man das Engelkind die ganze Zeit liebte, so lange, bis das Fest der Engelmama vorbei war.

Deshalb spielten sie Fliegifnatt, obwohl es langweilig war und obwohl das Engelkind fast die ganze Zeit schummelte. Aber nach zehn Fnatts fragte sich Zackarina, ob das Engelfest nicht bald zu Ende sei und die Mama ihr Kind abholen würde.

»Nein, normalerweise feiern sie ewig lange«, sagte der Sandwolf. »Die ganze Nacht.«

Da sagte Zackarina, dass sie leider nach Hause gehen und ein paar wichtige Sachen machen müsse, und so ging sie.

Als sie zu Hause ankam, saß Papa auf der Treppe und wartete auf sie.

»Klar kannst du zum Fest mitkommen, wenn du wirklich willst«, sagte er. »Aber ich glaube nicht, dass du es so lustig findest.«

»Ach, ich kann genauso gut zu Hause bleiben. Wenn ich nur einen Aufpasser bekomme, der spielt, was ich will und so lange ich will – die ganze Nacht lang.«

»Dann fragen wir am besten Oma«, sagte Papa.

»Das finde ich auch«, sagte Zackarina.

Dann schauten beide zum Himmel hinauf. Es donnerte da oben und Papa sah bekümmert aus.

»Ich verstehe dieses Wetter nicht«, sagte er. »Ein Gewitter, obwohl der Himmel ganz blau ist.«

»Vielleicht ist es kein Gewitter«, sagte Zackarina. »Vielleicht ist es etwas anderes.«

»Ja, möglich«, sagte Papa. »Vielleicht ist es ein Flugzeug.«

»Vielleicht«, sagte Zackarina.

Kometen und Astronauten

An einem außergewöhnlich schönen und stillen Sommertag lagen Zackarina und der Sandwolf am Strand und sonnten sich. Der Sandwolf hatte sich zu einem runden, herrlichen Sandhaufen zusammengerollt. Mitten auf diesem Haufen lag Zackarina, so kuschelig und bequem wie auf einem weichen Sessel. Das Meer schaukelte sanft vor sich hin, kleine Vögel zwitscherten und Zackarina fand alles unglaublich langweilig.

»Lang-, lang-, laaaangweilig!«, sagte sie. »Warum kann denn nie etwas geschehen?«

»Geschehen?«, fragte der Sandwolf schläfrig.

»Jaaaa! Jetzt!«, sagte Zackarina und trommelte mit ihren Fäusten auf dem Sandwolf herum. Er stand auf, gähnte und streckte seinen langen, goldschimmernden Körper. Zackarina fiel herunter.

»Es geschehen doch die ganze Zeit Dinge«, sagte der Sandwolf. »Gerade jetzt, zum Beispiel, regnet es in der Wüste Gobi! Zum ersten Mal seit sieben Jahren!«

»Ich meine hier«, sagte Zackarina. »Warum geschieht hier nichts?«

»Ha! Bald geschieht etwas, wirst schon sehen«, sagte der Sandwolf.

Im gleichen Moment hörte man oben vom Himmel einen pfeifenden Ton. Zackarina schaute hinauf. Dort flog eine Möwe. Ein bisschen höher schwebte ein Seeadler und noch höher sah sie einen kleinen, kleinen Funken. Der Funke wurde größer und wurde zu einer sprühenden Wunderkerze, die zu einer hellen Flamme anwuchs und noch größer wurde und sich verwandelte – zu einem ganzen Feuerwerk!

Es pfiff und heulte, sprühte in Rot und Weiß und Gelb und Blau und in Farben, von denen Zackarina noch nicht einmal die Namen kannte.

»Hilfe!«, schrie sie, versteckte sich hinter dem Sandwolf und kniff die Augen zu.

»Ruhig, ganz ruhig!«, rief der Sandwolf. »Das ist doch nur ...«

Peng! Die Erde bebte und der Sand spritzte. Dann wurde alles still. Sehr still.

Zackarina öffnete die Augen. Das Feuerwerk war zu Ende. Im Sand sah sie eine große Grube, und aus der Grube heraus kletterte etwas, das wie eine kleine Ratte aussah – etwas Schrumpeliges, Graues, Zerzaustes, Schmutziges.

Es war fast das Hässlichste, was Zackarina jemals gesehen hatte.

»Hallo Komet«, sagte der Sandwolf.

»Die Blumen des Friedens seien mit dir, du alter Erdhaufen«, pfiff das Rattending und säuberte sein Fell von kleinen Steinen.

»Wer ist das?«, flüsterte Zackarina.

»Ein Komet«, sagte der Sandwolf. »Du weißt, so einer, der im Weltall herumfliegt.«

»Aber wo ist das Feuer?«, fragte Zackarina. »Die Funken am Himmel?«

»Na dort! Er!«, zischte der Sandwolf und nickte zum Kometen hinüber.

In Zackarinas Kopf schwirrte es. Sie verstand überhaupt nicht, was der Sandwolf meinte. Was hatte diese kleine Ratte mit dem fliegenden Feuer zu tun? Das Feuer war doch groß und gefährlich und schön gewesen. Mit dem Rattending war es genau umgekehrt.

»Er ist doch so klein«, sagte Zackarina, »und hässlich.«

»Schhh! Pass auf, dass er das nicht hört«, flüsterte der Sandwolf. »Kometen sind so: hässlich und grau, wenn sie still stehen, aber feurig und schön, wenn sie fliegen.«

Er wandte sich zum Kometen und fragte ihn artig, wie es um das Weltall stehe.

Der Komet sagte, dass es genauso eiskalt und totenstill sei wie immer. »Aber natürlich passieren Dinge!«, pfiff er.

Und so fing er zu erzählen an. Von Sternen, die zusammengestoßen, und von Sternen, die erloschen waren, von Sternen, deren Farben sich verändert, und von Sternen, die sich in ein schwarzes Loch verwandelt hatten.

Zackarina wurde es ganz schwindelig von all den Sternen.

»Aber euer Stern sieht gesund und gelb aus«, sagte der Komet und zeigte mit dem Schwanz zur Sonne.

»Das ist kein Stern«, sagte Zackarina. »Das ist die Sonne.«

Der Komet starrte sie an. »Bist du dumm, oder was?« fragte er. »Willst du eins auf die Nase?«

Zackarina war stinksauer. So ein kleiner unfreundlicher Typ! Erst machte er ein Loch in den Strand und dann fing er auch noch zu streiten an!

Der Sandwolf beeilte sich zu erklären, dass der Komet in gewisser Weise Recht habe: Die Sonne sei ein Stern.

»In diesem Fall ein sehr großer«, sagte Zackarina.

»Nein, aber sehr nah«, sagte der Sandwolf. »Die

anderen Sterne sind mindestens genauso groß und heiß wie die Sonne, aber sie sind viel weiter weg.«

Der Komet stapfte herum, unruhig und ungeduldig. Er brachte seinen angebrannten Schwanz in Ordnung und streckte seine Nase Richtung Norden.

»Es ist Zeit weiterzuziehen«, sagte er. »Dieses Erdenleben hier vertrage ich nicht. Macht's gut! Wir sehen uns wohl, wenn wir zusammenstoßen.«

Und so lief er auf seinen kleinen, kurzen Beinen davon. Der Sandwolf schüttelte den Kopf.

»Kometen!«, sagte er. »Immer haben sie es eilig, sausen umher, als ob sie Feuer im Hintern hätten.«

»Ja, aber warum ist er dann nicht geflogen?«, fragte sie. »Das geht doch viel schneller als laufen.«

Da sagte der Sandwolf, dass Kometen unglaublich gut durch das Weltall sausen, aber sehr schlecht von Planeten, wie zum Beispiel der Erde, starten können.

»Aber der Komet hat einen eigenen kleinen Trick«, sagte der Sandwolf. »Gewöhnlich hängt er sich an eine Rakete, wenn die gestartet wird.«

»Oh!«, sagte Zackarina. »Stell dir vor, durch das Weltall zu fliegen. Das würde ich auch gerne machen.«

Der Sandwolf lächelte sein weißes, breites Lächeln.

»Aber das tust du doch«, sagte er. »Du fliegst doch die ganze Zeit im Weltall, mit dem Raketenplaneten Erde!«

»Fliegt die Erde?«, fragte Zackarina.

»Und ob«, sagte der Sandwolf. »Sie fliegt zweiundsiebzigtausend Millionen Kilometer in der Stunde, die reinste Supergeschwindigkeit, mitten durch das Weltall – zisch!«

»Uiuiui«, sagte Zackarina und fühlte sich plötzlich ein bisschen wackelig. Sie legte sich auf den Rücken in den Sand und schloss die Augen. Zweiundsiebzigtausend Millionen Kilometer in der Stunde? Das hörte sich sehr schnell an. Am besten hielt man sich fest, damit man nicht herunterfiel.

Raketenplanet?, dachte sie. Aber dann bin ich ja eine Astronautin!

Und so flog sie durch das Weltall, flog, bis es in den Ohren sauste und im Bauch kitzelte.

»Gute Reise!«, sagte der Sandwolf.

Dann grub er die Grube im Sand wieder zu und brummte: »Kometen! Dass sie nie lernen aufzuräumen!«

Zackarina und die Dunkelheit

Erst war es Sommer, dann wurde es Herbst. Die Abende wurden dunkler und die Tage kürzer. Zackarina fand das schade. Den ganzen Sommer über war sie draußen gewesen und hatte gespielt, solange sie wollte. Nun musste sie, wenn die Sonne unterging, schnell nach Hause gehen, bevor es dunkel wurde.

Das konnte der Sandwolf nicht richtig verstehen. Er wohnte ja Tag und Nacht am Strand. Er mochte den Mondschein genauso wie den Sonnenschein und er glitzerte genauso wild in der Dunkelheit der Nacht wie im Licht des Tages.

»Aber warum denn?«, fragte er eines Abends, als Zackarina plötzlich tschüs sagte, obwohl sie gerade so viel Spaß hatten und fast eine Krabbe gefangen hätten.

»Warum tschüs?«, fragte er. »Warum hast du es in der letzten Zeit so eilig, nach Hause zu kommen?«

Zackarina zeigte zur Sonne, die langsam im Meer unterging, abendrot und müde.

»Es wird doch gleich dunkel«, sagte sie.

»Ja, und?«, fragte der Sandwolf. Er wedelte freudig mit dem Schwanz und wartete auf eine Antwort.

Zackarina seufzte. Manchmal fand sie, dass der Sandwolf ein bisschen dumm war. Wusste er denn nichts von der Dunkelheit? Wusste er nicht, dass sich darin alle Gespenster und alle Monster versteckten?

»Widerliche Monster«, sagte Zackarina.

Der Sandwolf dachte gründlich nach. Er hatte alle möglichen Dunkelheiten gesehen. Die Dunkelheit der Nacht und die Dunkelheit des Waldes, die unter den dichtesten Fichten ruhte. Ihm war auch die Dunkelheit in den tiefsten Tiefen des Meeres und in den schauerlichsten Grotten der Berge begegnet. Er hatte sogar die große Dunkelheit gesehen, die über allem lag, bevor die Sterne geboren waren, und die war wirklich schwarz gewesen.

Aber irgendwelche Gespenster und Monster hatte der Sandwolf nie in der Dunkelheit gesehen.

»Liebe Zackarina«, sagte der Sandwolf ernst. »Kannst du mir ein Gespenst zeigen? Es muss ja kein besonderes sein, nur ein kleines gewöhnliches Monstergespenst oder so.«

Zackarina bohrte mit dem Fuß im Sand herum. »Na ja, eigentlich gibt es gar keine Gespenster in der Dunkelheit. Nicht wirklich.«

»Auch keine Monster?«, fragte der Sandwolf.

Er sah enttäuscht aus. Hatte Zackarina ihn angelogen?

Sie versuchte es zu erklären.

»Man sieht doch nichts in der Dunkelheit«, sagte sie. »Alles, was es normalerweise gibt, ist wie weggeblasen und dann denkt man sich Sachen aus.«

Das letzte Stückchen Sonne verschwand im Meer. Die Dunkelheit, die sich den ganzen Tag in den Schatten unter den Bäumen ausgeruht hatte, streckte sich aus und glitt aus ihren Verstecken.

Der Sandwolf nickte. Ja, das stimmte, die Dunkelheit war gut, um sich Sachen auszudenken und zu phantasieren.

»Aber man muss sich doch nichts Unheimliches ausdenken«, sagte er. »Man kann doch die Gelegenheit nutzen und sich Wunderbares und Geheimnisvolles ausdenken.«

Zackarina sah sich um. O je, sie hatten so viel geredet, und nun hatte sie ganz vergessen, nach Hause zu gehen! Und jetzt war es schon dunkel.

Sie rückte näher an den Sandwolf heran. Sie versuchte an nichts Unheimliches zu denken. Stattdessen dachte sie an Zimtschnecken. Sie dachte an Geburtstage und an Weihnachten und an Küsse von Mama und Papa.

Die Dunkelheit wurde nicht weniger dunkel, aber sie wurde weicher, wie Samt. Und nun merkte Zackarina, dass die Dunkelheit nicht nur pechschwarz war. Sie war unterschiedlich schwarz. Die Bäume waren raschelschwarz, die Klippen steinschwarz und das Meer war plätscherschwarz.

»Die Dunkelheit ist ja heute ganz angenehm«, sagte sie.

»Die Dunkelheit ist das, wozu du sie machst«, sagte der Sandwolf und leuchtete schwach, wie ein Neumond.

»Wie meinst du das?«, fragte Zackarina.

»Wenn du vor der Dunkelheit Angst hast, dann ist sie gefährlich«, sagte der Sandwolf. »Aber wenn du es wagst, die Dunkelheit zu mögen, dann mag die Dunkelheit dich auch.«

Da fühlte Zackarina, dass die Dunkelheit sie gerade sehr gerne mochte. Die Dunkelheit legte sich um sie, hüllte sie ein wie ein Mantel aus weichem, schwarzem Samt. Zackarina stand auf und ging nach Hause – allein – und dachte nur ein bisschen an Gespenster.

Bevor sie hineinging, blieb sie eine Weile stehen

und schaute das Haus an. In den Fenstern leuchtete es gemütlich gelb und drinnen in der Küche waren Mama und Papa.

Sie warten auf mich, dachte Zackarina und ging hinein.

»Hallo! Jetzt bin ich zu Hause!«, rief sie und zog die Jacke aus.

»Hallo, Zackarina«, sagte Mama. »Wo bist du denn so lange gewesen?«

Und Zackarina umarmte zuerst Mama und dann Papa, und dann sagte sie, wie es war.

»Ich war draußen«, sagte sie. »In der Dunkelheit!«

Mehr von Zackarina und dem Sandwolf

Der Schokoladenkuchen

Zackarina wohnte zusammen mit ihrer Mama und ihrem Papa in einem Haus am Meer. Vor dem Haus wuchsen zwei Birken und zwischen diesen schaukelte eine Hängematte.

Genau heute war die Hängematte ein Seeräuberschiff und auf dem Schiff war Zackarina Kapitän.

Aber als sie auf allen sieben Meeren geraubt und wieder und wieder mit den Orkanstürmen gekämpft hatte, spürte Zackarina, dass sie hungrig war – auf einen kleinen Keks oder so.

Sie verließ das Schiff, lief ins Haus und in die Küche. Wie vom Donner gerührt, blieb sie stehen und atmete tief ein.

Oh, wie das roch! Gut roch das.

»Schokoladenkuchen?«, fragte sie ihren Papa. »Hast du Schokoladenkuchen gebacken?«

Eigentlich brauchte sie nicht zu fragen. Der Kuchen stand da, mitten auf dem Tisch, rund und gut und der Schokoladenguss glänzte.

»Willst du ein Stück?«, fragte Papa.

»Na klar«, antwortete Zackarina.

Papa schnitt ein großes Stück ab und legte es auf einen Teller. Zackarina holte einen Löffel und setzte sich an den Tisch.

»Zieh die Mütze aus«, sagte Papa.

»Aber ich bin doch ein Seeräuberkapitän, siehst du das nicht?«, fragte Zackarina.

»Ja, ja«, sagte Papa. »Aber du weißt, was wir abgemacht haben.«

Zackarina legte den Löffel beiseite und zog die Mütze aus. Die Mütze war schwarz und hatte an der Seite weiße Streifen. Nur der Kapitän auf dem Seeräuberschiff durfte eine solche auf dem Kopf haben, eine mit Streifen. Damit man den Unterschied sehen konnte und wusste, wer der Chef auf dem Schiff war.

Zackarina schaute auf die Mütze, die sie in der Hand hielt. Dann sah sie Papa und das Kuchenstück an. Schließlich setzte sie die Mütze wieder auf.

»Aber was tust du denn?«, fragte Papa. »Wir haben doch ausgemacht, dass man beim Essen keine Mützen aufhaben soll.«

Zackarina schob den Kuchenteller zur Seite und stand auf.

»Ich hab keinen Hunger mehr«, sagte sie.

Und so ging sie aus dem Haus und hinunter zum Strand. Auf dem Pfad waren viele Ameisen. Zackarina sagte zu ihnen, dass sie Platz machen sollten, aber das taten sie nicht. Da stampfte sie mit dem Fuß auf den Boden – hart und genau auf die Ameisen.

»Ha, das habt ihr davon«, sagte sie.

Aber nicht nur die Ameisen bemerkten das Gestampfe auf dem Pfad. Unten am Strand, im tiefsten Sand, erwachte ein sehr seltenes Tier, der Sandwolf. Er hatte Ohren, mit denen er wackeln konnte, eine neugierige Nase und sein wüstensandiges Fell schimmerte wie Gold.

Er hatte tief und gut geschlafen und die schönsten Träume geträumt. Aber als er merkte, dass die Welt bebte, grub er sich sofort nach oben zur Sonne ans Tageslicht.

Und als Zackarina hinunter zum Strand kam,

lag er da und lächelte – er lächelte lange und mit Sternenglitzer in den Augen.

»Hallo«, sagte Zackarina und klang nicht besonders froh.

»'n Morgen«, sagte der Sandwolf.

Zackarina nahm einen Stock in die Hand und zeichnete einen großen Kreis in den Sand. Dann stellte sie sich mit verschränkten Armen mitten in den Kreis.

»Das hier ist mein Land«, sagte sie. »Und hier bestimme ich.«

Mit einem Satz sprang der Sandwolf auf und ging einmal um den Kreis herum. Er sagte, dieses Land wirke auf ihn sehr angenehm. So hübsch rund und sandig, sagte er. Und mit einem großen Schritt trat er in den Kreis.

»Und nun?«, fragte er.

»Nun bestimmen wir zusammen«, sagte Zackarina. »Denn so macht man das im Rackarinaland.«

»Rackarinaland?«, fragte der Sandwolf und rümpfte die Nase. »Nein, ich finde, es soll Wolfreich heißen.«

»Aber ich hab's zuerst gesagt«, sagte Zackarina.

»Und ich hab's zuerst gedacht«, sagte der Sandwolf. »Und ich stimme absolut für Wolfreich.«

Er streckte eine Pfote in die Luft. Zackarina stimmte natürlich für Rackarinaland und hob beide Hände hoch.

»Ich habe gewonnen«, sagte sie.

Aber der Sandwolf lächelte nur, legte sich auf den Rücken und streckte alle vier Pfoten in die Luft. Da machte Zackarina das Gleiche und stimmte mit Händen und Füßen ab. Nun hob der Sandwolf jedoch auch noch seinen Schwanz hoch.

»Fünf zu vier«, sagte er. »Es lebe das Wolfreich.«

Aber damit war Zackarina überhaupt nicht einverstanden. Sie fand, dies mit dem Schwanz sei gemogelt.

Der Sandwolf kratzte sich am Ohr und sagte, das Land könne vielleicht beides heißen – an einem Tag Rackarinaland und am nächsten Tag Wolfreich.

»Dann ist doch alles gut, oder?«, fragte er.

»Nein, das ist nur halb gut«, sagte Zackarina.

Der Sandwolf hielt den Kopf ein bisschen schief und sagte, dass sie sich natürlich um die Sache schlagen könnten. Aber Zackarina fand das ungerecht. Der Sandwolf war auf jeden Fall stärker, ungefähr so stark wie ein Vulkan.

»Gibt es keine andere Möglichkeit, den Namen zu bestimmen?«, fragte sie.

»Es gibt immer eine andere Möglichkeit zu bestimmen«, sagte der Sandwolf. »Wir können zum Beispiel einen Kopfstand machen.«

Und das taten sie. Bald merkten sie, dass das runde, sandige Land eine sehr gute Stelle war, um auf dem Kopf zu stehen. Besonders, wenn man zu zweit war und sich manchmal aneinander festhalten konnte.

Und als sie dort so standen und schwankten, verkehrt herum zwischen Himmel und Meer, fiel es ihnen plötzlich ein.

»Jetzt weiß ich es!«, sagte Zackarina. »Aufdemkopfien.«

»Genau das habe ich eben auch gedacht«, sagte der Sandwolf. »Aufdemkopfien!«

Sie tauften ihr rundes Land mit Meerwasser, und dann ging Zackarina wieder nach Hause, ohne auf die Ameisen zu stampfen.

Als sie in die Küche kam, saß Papa da und las und der Kuchen stand noch immer auf dem Tisch. Zackarina setzte sich und fing zu essen an.

»Wo ist deine Mütze?«, fragte Papa.

»Hab ich am Strand vergessen«, sagte Zackarina. Sie pulte ein Stück vom Schokoladenguss ab und stopfte es in den Mund.

»Und außerdem haben wir überhaupt nichts über Mützen beim Essen bestimmt«, sagte sie.

»Aha, haben wir nicht?«, fragte Papa.

»Nein, nur du und Mama«, sagte Zackarina. »Ich nicht.«

Papa dachte nach. War es wirklich so?

»Vielleicht können wir dann heute Abend etwas über Mützen bestimmen«, sagte er. »Wenn Mama von der Arbeit heimgekommen ist.«

Zackarina nickte.

»Ja, aber am besten machen wir das in Aufdemkopfien«, sagte sie.

Und dann leckte sie den Teller ab.

Papas Schokoladenkuchen war wirklich gut.

Seeräubergut.

Der Schmetterliebtag

Zackarina merkte es sofort, als sie am Morgen in die Küche kam. Sie waren heute komisch, Mama und Papa. Manchmal waren sie einfach so. So seltsam. Und heute war es schlimmer denn je. Man konnte kaum mit ihnen zusammen frühstücken. Nicht dass sie sich zankten. Eher umgekehrt.

Zackarina biss ein großes Stück von ihrem Brot ab. Dann hielt sie sich mit den Fingern die Ohren zu. Aber das half nicht so viel. Zackarina hörte trotzdem, was sie sagten. Und wie die Stimmen klangen.

»Willst du noch ein bisschen Kaffee haben, Liebling?«, säuselte Papa.

»Mmm, ja bitte«, lächelte Mama und hielt die Tasse hin. »Mmm, wie gut das riecht ... oh danke, Schatz ...«

»Mmm, Schnuckelchen«, murmelte Papa.

Mama lachte und fuhr sich mit der Hand durchs Haar. Und dann musste Papa ihr auch übers Haar streichen.

Warum kämmt sie sich nicht?, dachte Zackarina.

Papa schenkte Milch in Mamas Kaffee und dann beugte er sich vor und küsste sie. Zackarina stöhnte. Oh nein! Wie anstrengend! Mussten sie sich ausgerechnet während des Frühstücks küssen? Gerade als sie Eier und Haferbrei und alles Mögliche gegessen hatten und sicherlich auch noch Schimmelkäse.

»Iii, Schimmelküsse«, sagte Zackarina.

Sie ließ ihr Brot liegen und ging hinaus.

Draußen auf dem Rasen lag ihr neuer Fußball. Das war ein richtiger Fußball – schwarz und weiß und aus echtem Leder. Er war so schön, dass Zackarina glücklich wurde, wenn sie ihn nur anschaute. Und er war auch gut. Steinhart aufgepumpt und sprang super – peng!

Zackarina trat gegen den Ball. Oh, was für ein Schuss! Der Ball zischte an der Schaukel vorbei, setzte auf dem Holzschuppen auf und war dann einfach verschwunden, auf direktem Weg zum Strand.

»Nein, stopp!«, schrie Zackarina.

Sie lief dem Ball hinterher. Wenn er nun weiterrollte, ins Meer fiel – platsch, in die Wellen, für immer verschwunden!

Dann sterbe ich, dachte Zackarina.

Aber das passierte nicht. Als sie unten am Strand ankam, lag der Ball im Sand – genau vor der Nase des Sandwolfs. Der lag mit dem Kopf auf der weichscharfen Krallenpfote und blinzelte funkelnd blau.

»Sollen wir Fußball spielen?«, fragte Zackarina.

»Das geht nicht«, antwortete der Sandwolf.

Zackarina riss die Augen auf.

»Oh nein!«, sagte sie und sank neben dem Ball auf die Knie. »Ist er kaputt? Ist er geplatzt?«

»Nein, er ist nur etwas beschäftigt«, sagte der Sandwolf.

Jetzt sah Zackarina es auch. Auf dem Fußball saßen dicht beieinander zwei blaue Schmetterlinge. Sie öffneten und schlossen ihre Flügel und bewegten sich sehr langsam. Es sah fast so aus, als ob sie tanzten.

»Heute ist ihr Liebestag«, sagte der Sandwolf.

»Aber das ist mein Fußball«, sagte Zackarina. »Können sie sich nicht woanders lieben?«

Der Sandwolf antwortete nicht. Er schaute nur die Schmetterlinge an und lächelte ein bisschen schelmisch.

Zackarina zeichnete ein Herz in den Sand. Dann wischte sie es wieder weg.

»Einmal war ich im Krankenhaus«, sagte sie. »Da habe ich mich in einen verliebt, der sein Bein gebrochen hatte, und wir haben zusammen Comics gelesen.«

Sie schaute auf das Meer und dachte daran, wie gut die Comics gewesen waren. Noch nie im Leben hatte sie solch gute Comics gelesen wie in diesem Krankenhaus.

»Aber manche«, sagte sie, »werden so komisch von der Liebe. Ganz anders. Man erkennt sie kaum wieder.«

Der Sandwolf stimmte ihr zu. So sei es, sagte er. Die Liebe sei wirklich eine Weltmeisterin darin, Dinge zu verändern. Alles konnte plötzlich ganz anders werden, verwandelt von dem allerkleinsten Funken Liebe.

Die Schmetterlinge hoben vom Ball ab und flatterten über das Meer hinweg.

»Bist du in jemanden verliebt?«, fragte Zackarina. »Gerade jetzt, meine ich.«

Der Sandwolf rieb sich die Nase und murmelte etwas von Sternen und Galaxien, besonders von einer in der Nähe, die Andromeda hieß. Dann hatte er es plötzlich sehr eilig, schoss wie eine Rakete auf und wollte unbedingt Fußball spielen.

»Ich greife die Abwehr an«, rief er. »Dann kannst du ein Tor machen.«

Aber Zackarina sagte, dass sie zuerst etwas anderes machen müsse, nahm den Ball unter den Arm und lief heim.

Mama und Papa saßen immer noch am Frühstükkstisch. Sie sprachen leise miteinander und lachten manchmal. Es war, als ob sie nur Augen füreinander hätten.

Zackarina kam mit dem Ball im Arm herein.

»Hallo«, sagte sie.

Sie sagte es ziemlich leise, aber ihre Eltern hörten es trotzdem. Denn nun wandten sie sich um und sahen Zackarina an. Erst Mama und dann Papa. Die Augen der beiden waren froh.

»Wolltest du etwas?«, fragte Mama.

»Ja«, sagte Zackarina. »Wollt ihr mit rauskommen und ein bisschen Fußball spielen?«

Und das wollten sie. Beinahe sofort und fast ohne Gemecker.

Ungefähr gleichzeitig mit Zackarinas erstem Tor – peng!, zwischen die Pfosten – erschien ein völlig neuer und andersartiger Stern in der Galaxie Andromeda. Aber das sah fast niemand. Niemand außer einem einsamen Astronomen in Finnland und zwei kleinen blauen Schmetterlingen.

Das Haustier

Zackarina saß auf der Treppe vor dem Haus am Meer. Sie saß und dachte. Dachte an eine ziemlich traurige Sache.

Ein Kaninchen, dachte sie.

Das Traurige war, dass sie kein Kaninchen hatte. Ja, sie hatte auch kein Kätzchen und noch nicht einmal einen kleinen, lausigen Hamster. Aber das mit dem Hamster war eigentlich egal. Ein Kaninchen vermisste sie am meisten. Ein kleines, weißes mit schwarzer Nase und den weichsten Ohren der Welt.

Oh, die Ohren, dachte sie.

Aber nie im Leben würde sie ein Kaninchen bekommen. Auf jeden Fall heute nicht. Papa und Mama fanden, dass sie zu klein sei für ein eigenes Haustier. Musste man denn groß wie ein Elefant sein, um ein eigenes Kaninchen haben zu können?

Genau da trat Papa heraus auf die Treppe, mit einem Schuh in der Hand. Er schaute Zackarina finster an und sagte, dass sie nun wirklich aufhören solle.

»Aufhören mit was?«, fragte Zackarina.

»Haferflocken in meine Schuhe zu streuen«, sagte Papa. »Was soll das denn für ein Spaß sein?«

Er drehte den Schuh um. Kleine Haferflockenkrümel fielen heraus.

»Und gestern waren es Käsestückchen«, sagte er. »Und Knäckebrot.«

»Aber ich habe kein Brot in deine Schuhe getan«, sagte Zackarina.

»Ach, hast du nicht?«, sagte Papa. »Dann war es wohl Mama, oder?« Und dann ging er wieder hinein.

Zackarina schaute auf die geschlossene Tür. Warum sagte er so etwas Dummes? Warum sollte Mama Essen in seine alten Schuhe stopfen?

Sie stand auf und ging hinunter zum Meer. Der Pfad schlängelte sich krummdumm, bucklig von steindummen Steinen. Und das Meer! Äh, war das platt!

Zackarina nahm einen Stein und warf ihn in das Plattmeer. Das Wasser spritzte.

»Ich will hier nicht sein«, sagte sie. »Ich will an einem anderen Ort sein.«

Ihre Worte trieben über das Wasser und direkt in die neugierigen Ohren des Sandwolfs. Er hatte ein wenig abseits im Windschatten gesessen und in der Mittagssonne geschlummert, aber nun glitt er mit glänzendem Fell und wedelndem Schwanz über den Strand auf Zackarina zu.

»Hallo, wovon redest du?«, fragte er. »Was für ein anderer Ort?«

Zackarina wusste es genau.

»Ein anderer Planet«, sagte sie. »Ein Planet, auf dem es die ganze Zeit lustig ist.«

»Was meinst du mit lustig?«, fragte der Sandwolf.

»So schön lustig«, sagte Zackarina. »Wie am Geburtstag.«

Der Sandwolf lachte auf.

»Ach, den Planeten«, sagte er.

»Wie?«, fragte Zackarina. »Gibt es so einen?«

Der Sandwolf streckte sich aus und sagte, Planeten gebe es eine Menge im Universum. Als er zuletzt gezählt habe, seien es ungefähr Wimmelionen Milliarden gewesen. Und weil alle Planeten unterschiedlich und speziell seien, gebe es natürlich auch einen speziellen Geburtstagsplaneten.

»Dort feiern sie rund um die Uhr. Luftballons und Torte und Geburtstagslieder jeden Tag«, sagte der Sandwolf.

»Ist das wahr? Bekommt man da auch Geschenke?«, fragte Zackarina.

»Selbstverständlich gibt's auch Geschenke«, sagte der Sandwolf. »Jeden Morgen, wenn man aufwacht, liegt ein knisterheimliches Paket unter dem Bett – mit Goldpapier und Schleife und einem kleinen, feinen Gedicht, das ein freundlicher Mensch geschrieben hat. Und am Abend bekommt man immer sein Lieblingsessen.«

Zackarina hatte sich hingesetzt. Sie hörte genau zu und zeichnete mit dem Finger Kreise in den Sand.

»Auf diesem Planeten haben Kinder bestimmt auch Kaninchen«, sagte sie.

»Kaninchen? Na klar«, sagte der Sandwolf. »Dort wimmelt es nur so von Kaninchen. So süße, du weißt schon, mit kleinen knubbeligen Nasen vorne dran.«

Zackarina seufzte.

»Glückliche Kinder«, sagte sie.

Der Sandwolf hielt den Kopf schief und wackelte mit den Ohren.

»Glücklich?«, fragte er. »Wieso?«

»Na, sie haben doch Kaninchen«, sagte Zackarina. »Und Geburtstag, jeden Tag!«

Den Sandwolf schauderte, mitten im Sonnenschein.

»Ja, genau«, sagte er. »Geburtstag. Tagaus, tagein.«

Zackarina sprang plötzlich auf und fing an zu singen und zu trällern, sehr laut. Sie wollte nicht mehr an diesen Planeten denken. Sicherheitshalber lief sie auch noch ein paar Runden auf dem Strand. Da fielen ihr auf einmal Papas Schuhe ein. Sie hielt im Laufen inne und erzählte es dem Sandwolf.

»Komisch, wie?«, sagte sie. »Weißt du, wer normalerweise Brot in Schuhe legt?«

Der Sandwolf, der heute ganz außergewöhnlich klug war, konnte die Frage natürlich beantworten.

»Ja, wenn es sich um Schuhe handelt, die draußen stehen, ist es wahrscheinlich ein Eichhörnchen.

Aber wenn die Schuhe drinnen in einer dunklen Grotte stehen, dann ist es sicherlich eine Fledermaus.«

»Papas Schuhe stehen drinnen im Haus, in der Diele«, sagte Zackarina.

Der Sandwolf zog die Stirn in tiefe Falten und dachte nach.

»Wenn das so ist«, sagte er schließlich, »ist es eine Hausmaus.«

»Eine Hausmaus?«, fragte Zackarina.

»Ja, eine Art Haustier«, sagte der Sandwolf, »mit Schwanz.«

Zackarina drehte auf der Stelle um und lief nach Hause. Dann stand sie nur da, mucksmäuschenstill. Eine kleine Maus? In ihrem Haus? Eine kleine, goldige Maus, mit kleiner Stupsnase und kleinen, zittrigen Barthaaren!

Und Ohren, dachte sie, kleine, kleine Ohren.

Papa kam in die Diele. Er strich Zackarina über die Wange. Sie wusste, das bedeutete Entschuldigung in der Papasprache.

»Wir haben doch nicht etwa Rattenfallen irgendwo?«, fragte Zackarina.

»Nein, haben wir nicht«, sagte Papa.

»Gut«, sagte Zackarina. »Und weißt du was?«

»Nein, was denn?«, fragte Papa.

»Ich brauche doch kein Kaninchen. Auf jeden Fall nicht heute«, sagte Zackarina.

Papa sagte etwas wie »vielleicht später«, aber Zackarina hörte nicht richtig zu. Denn sie meinte, dass sich gerade etwas ganz hinten in der Ecke bewegte. Etwas Kleines, das vielleicht einen Schwanz hatte.

Ein Buch mit weißen Seiten

Zackarina sammelte Glanzbilder. Sie hatte ziemlich viele und die Glanzbilder lagen in einer runden Blechdose. Aber das war nicht so gut, denn in der Dose wurde es sehr unordentlich.

»Und schau, Papa«, sagte Zackarina, »sie werden auch knitterig.«

Zackarina und Papa saßen am Küchentisch. Nun hielt sie ein Glanzbild hoch und zeigte es ihm. Es war ein Engel und die Flügel waren ganz zerknittert. Der Engel sah richtig übel aus.

»Ich weiß, was du brauchst«, sagte Papa. »Du brauchst ein Album.«

Er stand auf und suchte im Bücherregal. Ganz oben in der obersten Reihe fand er ein großes und feines Buch mit leeren, weißen Seiten. Er zeigte Zackarina, wie das Album funktionierte. Die

Seiten waren so angelegt, dass man die Bilder nicht einkleben musste, sondern sie nur unter eine Folie zu legen brauchte.

»Aber zuerst«, sagte Zackarina, »zuerst muss ich sie sortieren!«

Weil der Küchentisch zu klein war, setzte sie sich mit Dose und Album draußen auf den Rasen. Dann legte sie die Glanzbilder auf drei unterschiedliche Stapel. Engel auf den einen, Blumen auf den zweiten und Wichtel auf den dritten. Die allerschönsten, die mit Glitzer, legte sie auf einen Stapel für sich.

Das alles war leicht zu sortieren, bis ein ziemlich hässliches Glanzbild auftauchte. Zackarina musste nachdenken. Was sollte sie mit den hässlichen Bildern machen? Sollten die auch ins Album?

Gerade als sie so dasaß und nachdachte, kam ein Windstoß und wehte einige Glanzbilder davon. Sie flatterten wie bunte Schmetterlinge über den Rasen hinunter zum Strand.

Zackarina lief ihnen hinterher und versuchte sie einzufangen. Da! Sie hatte eins mit roten Rosen erwischt. Gut, denn das war eines ihrer besten. Und da! Ein Engel!

Sie jagte weiter den Bildern hinterher, und jetzt war sie unten am Strand, und da – da flog ein dunkles, blaues. Zackarina sprang hoch und konnte es festhalten.

Aber was war denn das? Was hatte sie da eingefangen? Das war gar kein Glanzbild, aber doch war es eine Art Bild. Ein großes Schiff mit vielen weißen Segeln auf einem stürmischen Meer war darauf zu sehen. Das Seltsame war, dass sich das Bild bewegte. Das Schiff schaukelte und die Wogen schäumten.

»Bravo! Halt es fest, lass es nicht los!«

Das war der Sandwolf, der rief. Er kam mit einem Riesensatz über den Sand gesprungen, den Schwanz lang ausgestreckt wie einen goldenen Speer, und landete direkt vor Zackarina.

»Hier, was ist das?«, fragte sie und hielt ihm ganz vorsichtig die Hand mit dem lebenden Bild entgegen.

»Das ist eine meiner Erinnerungen«, sagte der Sandwolf. »Ja, ich saß da unten auf der Klippe und schaute sie alle an, doch da wirbelte plötzlich der Wind ...«

»Ich weiß«, sagte Zackarina. »Sie sind einfach weggeflogen, was?«

»Ja, so war es«, sagte der Sandwolf. »Was für ein Glück, dass du diese hier eingefangen hast, sonst wäre sie für immer verloren gewesen.«

Zackarina schaute auf seine fast verlorene Erinnerung, auf das Schiff und das Meer und den Sturm. Nun sah sie auch die Menschen an Bord des Schiffes. Sie kletterten wie verrückt auf den Masten herum und zogen an den Leinen und Segeln. Hier und da schimmerte etwas Wolfartiges in Gold. Das war bestimmt der Sandwolf, dachte

Zackarina. Er war natürlich in seiner Erinnerung auch dabei.

»Das ist wohl eine deiner besten, oder?«, fragte sie. »Weil du sie nicht verlieren wolltest?«

Aber den Sandwolf schauderte so, dass der Sand staubte, und sagte: »Nein, oh nein! Das ist eine meiner furchtbarsten Erinnerungen, denn das Schiff kam nicht gegen den Sturm an. Es ist gesunken.«

Die Stimme des Sandwolfs klang traurig, als er das erzählte.

»Ich habe versucht, so viele wie möglich zu retten«, sagte er.

Dann seufzte er tief und blickte blinzelnd aufs Meer hinaus.

»Aber ich konnte nicht alle retten«, sagte er leise. »Viele sind ertrunken.«

Seine blauen Augen waren voller Tränen und er tat Zackarina Leid. Sie wollte nicht, dass er weinen musste.

»Dumme alte Erinnerung!«, sagte sie und warf die dunkle Erinnerung in die Luft.

Aber der Sandwolf war schneller als alle stürmischen Winde. Er stürzte sich nach vorn, fing die Erinnerung auf und stopfte sie wieder in seinen

Kopf. Plopp! Und so war sie an ihrem Platz, sicherer als in einem Tresor.

Zackarina fand das ziemlich blöd. Es war doch dumm, mit vielen traurigen Dingen im Kopf herumzulaufen. Aber der Sandwolf sagte, er hebe alle Arten von Erinnerungen auf.

»Denn wenn ich nur noch die glücklichen übrig hätte«, sagte er, »würde ich vielleicht nicht verstehen, wie es ist, traurig zu sein.«

Er schüttelte den Kopf. Zackarina konnte fast hören, wie die Erinnerungen dort drinnen herumtanzten.

»Und außerdem will ich meine Freunde nicht vergessen«, sagte er.

»Die ertrunken sind?«, fragte Zackarina.

Der Sandwolf nickte.

»Solange ich mich an sie erinnere, gibt es sie«, sagte er.

Zackarina schaute ihn an.

»Hast du auch eine Erinnerung, in der ich dabei bin?«, fragte sie.

»Viele«, sagte der Sandwolf.

»Das erste Mal?«, fragte Zackarina. »Erinnerst du dich? Als ich dich gefunden habe?«

»Na ja«, sagte der Sandwolf. »War das nicht umgekehrt? War das nicht ich, der dich gefunden hat?«

»Hast du nicht«, sagte Zackarina. »Das war ich, die dich ausgegraben hat, aus dem Sand. Daran kannst du dich doch wohl erinnern?«

»Oho ...«, sagte der Sandwolf und rümpfte die Nase. »War das so?«

Zackarina und der Sandwolf holten ihre Erinnerungen hervor und schauten sie an und drehten und wendeten sie – bis ein zerknitterter und jämmerlicher Wichtel vorbeiflog.

»Oh nein, meine Glanzbilder!«, rief Zackarina.

Der Sandwolf half ihr, alle herumfliegenden Bilder einzusammeln.

Dann ging Zackarina nach Hause und machte ihr Album fertig und am Abend zeigte sie es Papa und Mama. Die weißen Seiten waren nun mit allen möglichen Glanzbildern bedeckt. Einige waren sehr schön, die meisten mittel und manche sahen überhaupt nicht besonders aus.

»Aber ich habe die nicht so schönen auch eingeklebt«, sagte Zackarina.

Sie strich mit der Hand über den jämmerlichen

Knitterwichtel und schaute ihn eine Weile lang an. Dann blätterte sie um.

»Aber am liebsten schaue ich mir doch die Glitzerengel an«, sagte sie. »Ja, wirklich.«

Eine eigene Hosentasche

Es war Dienstag, und Zackarina hatte ihre blaue Hose an, die am Reißverschluss ein bisschen kaputt war. Am Abend hängte sie die Hose über einen Stuhl neben ihrem Bett. Das machte sie immer – die Kleider auf den Stuhl und hopp ins Bett.

Dann passierte das Komische, denn als sie am nächsten Tag aufwachte, war die blaue Hose weg. Stattdessen hing eine rote über dem Stuhl. Die war neu.

Zackarina probierte sofort die Hose an. Sie passte perfekt.

Das ist meine, dachte sie. Meine neue rote.

Dann steckte sie die Hände in die Hosentaschen und ihr wurde am ganzen Körper kalt. Ja, sie bekam fast einen Herzschlag. Hilfe, die Taschen waren leer! Es war überhaupt nichts drin, nicht das allerkleinste Ding!

Sie lief hinunter in die Küche. Mama war schon fast auf dem Weg zur Arbeit und Papa blätterte im Kochbuch.

»Guten Morgen«, sagte Mama. »Wie findest du die Hose?«

»Sehr schön«, antwortete Zackarina. »Aber wo ist die blaue? Die, die ich gestern anhatte?«

»Warst du nicht überrascht?«, fragte Papa.

»Doch, sehr überrascht, aber wo ist die andere?«, fragte Zackarina.

»Die blaue?«, sagte Mama. »Die habe ich gewaschen.«

Sie schaute auf die Uhr und holte ihre Tasche.

»Wollt ihr Suppe zum Abendessen?«, fragte Papa.

»Aber wo sind alle meine Sachen?«, fragte Zackarina.

»Welche Sachen?«, sagte Mama.

»Oder Spaghetti?«, fragte Papa. »Was meint ihr?«

»Die ich in den Hosentaschen hatte«, sagte Zackarina.

»Ich weiß nicht, mach Spaghetti«, sagte Mama und öffnete die Tür.

»Ja, aber warte, meine Sachen!«, sagte Zackarina.

»In den Hosentaschen war nichts«, sagte Mama. »Nur ein bisschen Staub und Müll und so was.«

Und dann rief sie »tschüs« und »bis heute Abend«, die Tür schlug zu und sie war fort.

»Müll?«, sagte Zackarina. »Aber was hat sie denn mit dem gemacht?«

»Weiß ich nicht«, sagte Papa. »Wahrscheinlich in die Mülltonne geworfen.«

Weggeworfen?, dachte Zackarina. Meine Sachen?

Leise ging sie die Treppe hinunter, leise den Pfad zum Strand entlang. Zackarina setzte sich auf einen Stein. Eine Träne rollte über ihre Wange und fiel in den Sand.

Da bewegte sich etwas unter ihr und der Sandwolf tauchte auf – mit neugieriger Nase und Goldglitzer im Fell.

»Tropf, tropf?«, fragte er. »Ist heute Regenwetter?«

Zackarina trocknete ihre Tränen. Der Sandwolf schaute sie an, sehr genau.

»Du hast die Farbe gewechselt«, sagte er. »Gestern hattest du blaue Beine und heute hast du rote.«

»Ich habe eine neue Hose bekommen«, sagte Zackarina.

Der Sandwolf wusste nicht so viel von Hosen. Er fragte, ob es gut oder schlecht sei, eine neue Hose zu bekommen. Zackarina sagte, es sei gut.

»Aber warum siehst du dann so traurig aus?«, fragte der Sandwolf.

»Weil alles weg ist«, sagte Zackarina. »Und jetzt ist es ganz leer in den Hosentaschen.«

»Aha«, sagte der Sandwolf. »Wie meinst du das, leer?«

Zackarina versuchte zu erklären, dass Hosentaschen dafür da waren, Sachen aufzubewahren. Wenn man die Hände hineinsteckte und mit den Fingern herumspielte, sollte man fühlen, dass dort etwas war, möglichst viele kleine Dinge, wie kleine Steine und Schnüre und vielleicht ein Korken und ein Gummiband.

»Ein Gummiband?«, fragte der Sandwolf. »So ein kleines rotes, das sich zusammenkringelt?«

Zackarina nickte.

»Sachen, von denen man glücklich wird. Lieblingssachen, du weißt schon«, sagte sie.

Der Sandwolf überlegte. Kleider, fand er, waren unnötig und lästig. Aber Hosentaschen schienen eine wunderbare Erfindung zu sein. Natürlich hatte er auch gute Stellen für seine wichtigen Sachen. In seiner Grotte und hinter der großen Fichte, zum Beispiel. Aber Hosentaschen, das war etwas anderes. Die konnte man die ganze Zeit bei sich haben.

»Ich will auch eine Hosentasche«, sagte er.

»Das geht nicht«, sagte Zackarina. »Für Wölfe gibt es keine Hosen.«

»Das weiß ich auch«, sagte der Sandwolf. »Und ich will auch gar keine schreckliche Hose, nur eine kleine Tasche.«

»Das geht auch nicht«, sagte Zackarina. »Denn es gibt keine Hosentaschen ohne Hose.«

Aber gerade als sie das gesagt hatte, bekam sie eine Idee.

»Ich weiß«, sagte sie. »Du kannst dir eine von meinen Hosentaschen ausleihen.«

»Darf ich? Wie schön!«, sagte der Sandwolf.

Er sprang auf und raste davon und sammelte schnell seine besten kleinen Lieblingssachen ein – eine Schnecke, die weiß, und einen Stein, der schwarz war, drei blanke Knöpfe und klimpernde Schrauben, zwei Bonbons in raschelndem Papier und noch eine Schnecke und die Gräten eines Herings und ein grünes Plastikding und einen goldenen Verschluss, und alles stopfte er in eine Tasche von Zackarinas neuer, roter Hose.

»Ha, jetzt ist meine Hosentasche proppenvoll«, sagte er.

»Ja, aber meine nicht«, sagte Zackarina. »Meine ist immer noch leer.«

Der Sandwolf kratzte sich hinterm Ohr und brummelte eine Weile vor sich hin. Dann ergriff er Zackarinas Beine, hielt sie verkehrt herum hoch und schüttelte sie.

»He, hör auf! Lass mich los!«, rief Zackarina.

Das machte der Sandwolf auch, aber erst nachdem er alles, was in der Hosentasche gewesen war, herausgeschüttelt hatte. Er schnupperte an den Sachen, murmelte vor sich hin und wählte aus.

»Die schönen Steine und das grüne Plastikding für dich ... die blanken Knöpfe und der Verschluss für mich ...«

Als er fertig gemurmelt hatte, waren die Sachen in zwei Häufchen aufgeteilt.

»Sieh nur«, sagte er. »Unglaublich, oder? Die Lieblingssachen reichen für uns beide!«

Zackarina fand es auch unglaublich und freute sich und steckte schnell die kleinen hübschen Dinge in ihre Hosentasche.

Dann ging sie nach Hause, denn sie hatte vergessen, etwas zu sagen.

»Danke für die Hose«, sagte sie, als sie zur Küchentür hereinkam.

»Bitte schön«, sagte Papa. »Magst du sie?«

Zackarina steckte die Hände in die Hosentaschen und fühlte nach. Ja, da waren die Sachen, sowohl in ihrer Hosentasche als auch in der vom Sandwolf.

»Ja, jetzt schon«, sagte sie. »Jetzt mag ich sie.«

Und am Strand lag noch der Sandwolf und dachte daran, wie wunderbar es war, eine eigene Hosentasche zu haben. Nur schade, dass sie nicht die ganze Zeit in der Nähe war.

Aber trotzdem schön, dachte er und streckte seine langen, wilden Wolfsbeine aus. Trotzdem schön, dass ich keine Hose habe!

Ein kurzer Augenblick

Zackarinas Papa schaute oft aus dem Fenster und sagte etwas über das Wetter. Manchmal sagte er etwas über schönes Wetter, manchmal über Regenwetter oder stürmisches Wetter. Aber heute sagte er: »Oh, was für ein Angelwetter!«

»Wie? Wirklich? Ist heute Angelwetter?«, fragte Zackarina.

Sie saßen in der Küche. Papa hatte sich gerade eine Tasse Kaffee eingeschenkt und Zackarina malte. Mitten in einer roten Rakete hatte Papa dieses wunderbare Wort gesagt – Angelwetter. Zackarina wusste genau, was das bedeutete.

»Was meinst du?«, sagte Papa. »Sollen wir ein bisschen angeln gehen?«

»Jetzt?«, fragte Zackarina.

»Tja, warum nicht«, sagte Papa.

»Ja, jippie jej!«, rief Zackarina.

Sie stürzte in die Diele und zog sich Jacke und Gummistiefel an. Dann stürzte sie zurück in die Küche und stopfte sich einen Apfel in die Jackentasche. Gut, jetzt war sie fertig. Das Einzige, was fehlte, war die Köderdose, die stand draußen unter der Treppe. Ja, und die Angelruten natürlich. Die waren im Holzschuppen und waren recht schwer. Man musste sie zusammensetzen und den Haken befestigen, das konnte nur Papa.

Aber Papa saß noch immer am Tisch. Er hatte sich keinen Millimeter bewegt.

»Los, komm jetzt!«, sagte Zackarina. »Gehen wir nicht?«

»Doch, doch«, sagte Papa. »Ich will nur erst noch meinen Kaffee austrinken.«

Zackarina setzte sich. Und wartete. Papa hob die Tasse und trank einen winzig kleinen Schluck. Dann stellte er die Tasse wieder ab und fing an, in einem Buch, das auf dem Tisch lag, zu blättern.

»Du willst doch nicht etwa lesen? Nicht jetzt?«, fragte Zackarina.

»Nein, ich schaue nur ein bisschen«, sagte Papa.

Zackarina saß still, lange, sehr lange. Es wurde

ihr warm in der Jacke, aber sie wollte sie nicht ausziehen. Papa schlürfte seinen Kaffee und blätterte eine Seite weiter. Zackarina stand auf.

»Jetzt hole ich deine Gummistiefel«, sagte sie. »Und dann gehen wir, finde ich.«

Papa schlug das Buch zu.

»Ja, das machen wir«, sagte er. »Ich muss nur vorher noch ein paar Telefonate erledigen.«

»Nein! Das darfst du nicht!«, sagte Zackarina. »Wir gehen angeln! Jetzt!«

Papa zog die Augenbrauen zusammen.

»Nun mal langsam«, sagte Papa. »Wir gehen ja. Aber du musst ein bisschen warten. Das ist doch wohl nicht so schlimm?«

Zackarina zog auch die Augenbrauen zusammen, und das viel mehr als Papa.

»Dann gehe ich zum Strand und warte«, sagte sie. »Und da sitze ich, bis du kommst.«

Umpf, umpf, stapfte sie hinaus und stiefelte den Pfad zum Strand hinunter. Dort ließ sie sich auf einen Stein fallen – und plumps! Der Sandwolf landete dicht neben ihr in einer goldenen Sandwolke.

»Ich gehe baden«, sagte er.

»Aha«, sagte Zackarina.

Der Sandwolf setzte sich und schaute auf die blauen, wogenden Wellen.

»Wolltest du nicht baden?«, fragte Zackarina.

»Doch, aber ich warte«, sagte der Sandwolf.

»Auf was denn?«, fragte Zackarina.

Der Sandwolf blinzelte langsam.

»Ich warte auf den richtigen Augenblick«, sagte er. »Ich warte auf den kleinen, kleinen Moment, in dem alles passiert – der Augenblick zwischen der Zeit, die gewesen ist, und der Zeit, die kommen wird.«

»Aber wann ist es denn so weit?«, fragte Zackarina.

Der Sandwolf atmete. Er atmete ein einziges Wort und das Wort war: jetzt. Im gleichen Moment war es, als ob er explodierte, und er schoss wie eine goldene Rakete davon und landete, pflatsch!, im Wasser.

Die Wellen nach dem Sprung schlugen immer noch gegen den Strand, als Papa kam, mit Köderdose und Angeln.

»Hast du gehört?«, fragte er. »Hast du gesehen? Was für ein Pflatsch! Das muss ein Riesenfisch gewesen sein.«

»Mmm«, sagte Zackarina, »sehr groß.«

Sie gingen zum Barschstein, das war die beste Angelstelle am ganzen Strand.

Als Papa die Angeln zusammensetzte und die Schnüre festband, sah Zackarina zu. Sie fand es schade, dass die Angeln so kompliziert sein mussten. Mussten sie das wirklich?

»Jetzt bist du dran«, sagte Papa. »Jetzt ziehen wir diesen Riesenfisch an Land.«

»Meinst du das im Ernst?«, fragte Zackarina.

»Natürlich«, sagte Papa. »Wieso?«

»Weil ich finde, dass man nicht *jetzt* sagen soll, wenn man es nicht meint«, sagte Zackarina.

«Das ist richtig«, sagte Papa. »Man soll immer meinen, was man sagt.«

Einen kurzen Augenblick später saßen die beiden Seite an Seite auf dem großen Stein und angelten. Sie schauten auf die Schwimmer, die im Wasser schaukelten, und warteten darauf, dass ein Fisch anbiss.

»Wie spannend«, flüsterte Papa.

Zackarina nickte. Superspannend – denn jetzt, vielleicht gerade jetzt, sah der Fisch dort unten den Köder, schnupperte vielleicht am Haken und sperrte vielleicht das Maul auf.

»Bald«, flüsterte Zackarina.

Reiß dich zusammen!

Im Haus am Meer war es Samstag und Mama stand in der Küche und wusch ab. Zackarina leistete ihr Gesellschaft, damit sie ein bisschen mehr Spaß hatte. Sie rollte kreuz und quer über den Küchenboden und heulte wie ein Wolf. Nicht besonders laut, auch nicht, weil es ihr irgendwo wehtat, sondern weil sie nichts anderes zu tun hatte.

»Aoouuw! Wann bekomme ich meine Süßigkeiten?«, fragte Zackarina.

»Wenn wir einkaufen fahren«, sagte Mama.

»Wann faooohren wir einkaufen?«, fragte Zackarina.

»Wenn ich abgewaschen und aufgeräumt habe«, sagte Mama.

»Aoouu, wann hast du abgewaschen aouuu aufgeräumt?«, fragte Zackarina.

»Hoffentlich bald«, sagte Mama.

Zackarina rollte weiter herum und heulte. Manchmal knallte sie direkt an die Wand oder an die Stühle. Manchmal stieß sie an Mamas Beine. Wandknall gab fünf Punkte, Beinstoß gab zehn, weil es schwieriger war.

Mama klapperte und schepperte mit dem Geschirr, immer lauter und lauter. Deswegen musste Zackarina auch immer lauter und lauter heulen, damit man sie in dem ganzen Geklapper hören konnte.

»SühüühüHÜÜÜßigkeiten!«

»Oh nein, hör jetzt auf«, sagte Mama. »Das klingt ja furchtbar!«

Zackarina hörte auf herumzurollen und setzte sich hin.

»Aber wie soll es denn klingen? Etwa so?«, fragte sie und quiekte ein schreiendschrilles »Süßiiiiiigkeiten!«

Aber da wurde Mama wütend.

»Zackarina! Reiß dich zusammen!«, fauchte sie.

Zackarina sprang auf und lief hinaus. Sie mochte es nicht, wenn Mama wie ein Katze fauchte und sie mit funkelnden Augen ansah. Sie lief bis zum Strand hinunter, den ganzen Pfad entlang.

Und als Zackarina ganz sicher war, dass Mama sie nicht mehr hören konnte, drehte sie sich um und rief zum Haus hinauf:

»Du kannst dich selbst zusammenreißen, du Klappermama!«

Und dann nahm sie einen Stein auf und warf ihn, so weit sie nur konnte. Der Stein landete weich im Sand.

Da hörte sie einen Schrei: »Aaaah! Ah, mein Kopf!«

Oh nein! Zackarina war ganz unglücklich. Sie hatte mit dem Stein den Sandwolf getroffen. Der rappelte sich auf, seine Beine wackelten. Er wankte und schwankte auf Zackarina zu und fiel vor ihren Füßen nieder. Dort lag er wie ein zertretenes Sandschloss und stöhnte nur noch.

Zackarina setzte sich und streichelte vorsichtig seinen großen Kopf.

»Entschuldigung«, sagte sie. »Das war keine Absicht.«

Der Sandwolf öffnete ein Auge und schaute Zackarina traurig an.

»Du hast eine Bombe auf meinen Kopf geworfen«, sagte er.

»Eine Bombe?«, fragte Zackarina.

»Nein, es waren sogar zwei«, sagte der Sandwolf. »Zwei Bomben direkt auf den Kopf. Zabumm!, hat es gemacht.«

»Nein, es war nur ein Stein«, sagte Zackarina. »Ein ziemlich kleiner.«

»Klein? Ha! Er war riesengroß und jetzt habe ich ein Loch im Kopf«, sagte der Sandwolf. »Ein Looooch!«

Zackarina untersuchte Sandwolfs Kopf sehr genau.

»Du hast kein Loch«, sagte sie. »Noch nicht mal eine Beule.«

»Das sagst du nur, um mich zu trösten«, sagte der Sandwolf finster. »Ich weiß, dass ich ein Loch im Kopf habe, und das ist groß, riesengroß.«

Er riss die Augen auf.

»Und es blutet«, sagte er. »Es blutet, bluuutet – blutet Blut!«

Nun hatte Zackarina bald genug vom Sandwolf. Er war ja unglaublich albern.

»Du blutest nicht«, sagte sie. »Du hast nämlich überhaupt kein Loch im Kopf, und außerdem kannst du nicht bluten, weil du kein Blut, sondern Sand im Körper hast, das hast du selbst gesagt!«

»Was? Wawawas?«, stöhnte der Sandwolf. »Ich höre nicht, was du sagst.«

Er schüttelte den Kopf und wackelte mit den Ohren.

»Höre nichts«, sagte er. »Wahrscheinlich bin ich taub geworden, als du alle diese Bomben auf mich geworfen hast. Warum hast du das eigentlich getan?«

»Es waren keine Bomben!«, sagte Zackarina. »Es war ein Stein, ein kleiner, kleiner, kleiner Stein!«

»Ach so?«, sagte der Sandwolf. »Wirklich?«

Er wurde still, legte sich platt auf die Erde und überlegte, mit der Nase zwischen den Pfoten.

Zackarina atmete auf. Endlich hatte er verstanden.

Der Sandwolf hob den Kopf und schaute sie ernst an.

»Du, Zackarina«, sagte er. »Ich brauche ein Pflaster. Oder Kleber. Das wäre wohl noch besser.«

»Warum denn?«, fragte Zackarina.

»Natürlich, um das Loch zusammenzukleben«, sagte der Sandwolf. »Das Loch im Kopf, hast du das vergessen?«

Aber jetzt hatte Zackarina genug.

»Sei ruhig!«, brüllte sie. »Du hast kein Loch im Kopf! Reiß dich zusammen!«

»Reiß?«, sagte der Sandwolf. »Reißen ... beißen? Wilu heißen. Reiß heißen Ofen aus? Jaaa! Beiß heißer Ofen, beiß!«

Zackarina stand auf, drehte dem Sandwolf den Rücken zu und ging heim.

Zu Hause war Mama und schüttelte die Teppiche aus. Zackarina kam gerade rechtzeitig, um ihr mit dem letzten zu helfen.

»Du, Mama«, sagte sie. »Manchmal kann man wirklich die Geduld verlieren, wenn jemand nicht versteht, was man meint.«

»Ja, ich weiß«, sagte Mama. »Aber das geht vorüber.«

Sie trugen die Teppiche ins Haus, dann fuhren sie los und kauften Essen, Geschirrspülmittel und Süßigkeiten ein. Aber unten am Strand, da rollte der Sandwolf wie eine Ringelwurst herum und heulte und heulte die ganze Zeit. Nicht besonders laut, auch nicht, weil es ihm irgendwo wehtat, sondern nur, weil er überhaupt keine Lust hatte.

Überhaupt keine Lust, sich zusammenzureißen.

Welche Mücken?

Heute konnte Zackarina einem wirklich Leid tun und an allem waren die Mücken schuld. Zackarina saß auf Papas Schoß und schluchzte und weinte. Die Füße waren von Mückenstichen ganz rot und geschwollen, und die Beine – überall Punkte! Und es juckte. Es juckte und brannte so, dass sie fast verrückt wurde.

»Doofe Mücken«, weinte sie.

Müde war sie auch. Sie hatte in der Nacht keine Sekunde geschlafen, nur wegen der bissigen Mücken, die im Zimmer herumgesurrt waren. Papa nahm Zackarina in die Arme und versuchte sie zu trösten.

»Ich weiß, wie es sich anfühlt«, sagte er.

»Nein, tust du nicht«, sagte Zackarina. »Denn es juckt mich.«

»Warte, ich hole ein Eis«, sagte Papa.

Er setzte Zackarina auf den Boden und holte ein Eis am Stiel aus dem Gefrierschrank. Dass Eis gegen Mückenstiche half, war ein Trick, den Oma ihnen verraten hatte. Gewöhnlich funktionierte er eine Weile lang.

Zackarina ging nach draußen und setzte sich mit dem Eis in der Hand auf die Schaukel. Aber kaum hatte sie einmal geleckt, tauchte schon die erste Mücke auf und setzte sich auf ihren Fuß.

Zackarina schüttelte ihr Bein und die Mücke verschwand. Aber dann kam noch eine und noch eine und bald war ein ganzer Schwarm von Mücken um sie herum. Sie flogen und surrten, saßen scharenweise auf Zackarinas Beinen und krochen in ihr Haar.

»Nein! Ah! Aufhören!«, schrie Zackarina.

Sie sprang von der Schaukel herunter und rannte los. Die Mücken verfolgten sie – über den Rasen und den Schotter, zwischen den Büschen und Bäumen, über Steine und Sand und schließlich bis zum Strand und Meer. Da war Schluss. Sie konnte nicht mehr weiter laufen. Zackarina wedelte mit den Armen und schlug nach den Mücken, schlug

und schlug und plötzlich – oh nein! Das Eis! Es flog durch die Luft und plumps! Dort lag es. Im Sand.

»Hoppla«, sagte eine kratzige Stimme.

Zackarina blickte auf. Ein Stück weit draußen im Wasser saß der Sandwolf. Offensichtlich hatte er gerade geschwommen und war frisch gebadet.

»Mit wem kämpfst du eigentlich?«, fragte er.

»Mit den Mücken«, sagte Zackarina.

»Warum denn?«, fragte der Sandwolf.

»Weil ich sie hasse«, sagte Zackarina. »Und jetzt haben sie mir auch noch mein Eis weggenommen.«

Der Sandwolf rieb sich die Nase.

»Aha«, sagte er. »Und ich dachte, es sei dir runtergefallen.«

Zackarina trat in den Sand. Das Eis verschwand in einem Sandhaufen.

»Ich hasse sie trotzdem«, sagte sie. »Ich werde jede Mücke auf der ganzen Welt erschlagen.«

»Das sind viele. Besonders, wenn man auch alle Federmücken mitzählt«, sagte der Sandwolf.

»Welche Federmücken?«, fragte Zackarina.

Der Sandwolf sprang aus dem Wasser und legte sich neben sie. Er ließ seinen nasssandigen Schwanz über ihre Füße und Beine gleiten. Das kühlte und linderte die juckenden Mückenstiche.

»Federmücken«, sagte er, »das sind die mit den fedrigen Antennen und sie haben einen kleinen Buckel auf dem Rücken.«

»Stechen sie?«, fragte Zackarina.

»Nein, sie mögen kein Blut«, sagte der Sandwolf. »Haubenmücken auch nicht, und Pilzmücken essen vor allem alte Pilze.«

Er schüttelte sich und zog eine Grimasse. Pilzmücken, sagte er, vor denen solle man sich hüten. Sie wollen einen immer zum Fest einladen. Komm zu uns nach Hause in die schattigen Wälder, sagen sie. Komm mit! Wir haben's wohlig weich im mummeligen Moos – und wir kümmern uns um das Essen, wir kochen etwas Knusperleckeres, kein Problem.

»Das klingt doch ziemlich nett«, sagte Zackarina.

»Ja, bis sie das Essen hervorholen«, sagte der Sandwolf. »Verfaulter Schleimpilz in Glibbersoße.«

»Igitt, wie eklig«, sagte Zackarina.

»Ja, aber lecker für eine Pilzmücke«, sagte der Sandwolf. Er rollte sich herum und sagte, dass er selbst am liebsten salzwassergetunkten Mondschein mochte oder auch einen kleinen Sonnenschimmer im November.

Aber Zackarina sagte, dass sie etwas Besseres wisse als Schleimpilz oder Mondschein. Sie sagte »tschüs« zum Sandwolf und lief nach Hause.

Als sie Papa von dem Unglück mit dem Eis erzählte, holte er ein neues aus dem Gefrierschrank.

Zackarina setzte sich an den Tisch und machte das Papier ab. Aber gerade als sie zum ersten Mal lecken wollte, kam eine Mücke und setzte sich – mitten auf den Tisch.

Papa hob die Hand und wollte zuschlagen.

»Nein, warte«, sagte Zackarina. »Es ist doch eigentlich unnötig, sie zu erschlagen, oder?«

»Warum denn?«, fragte Papa.

Zackarina knabberte an ihrem Eis und kicherte.

»Weil Pilzmücken freundlich sind«, sagte sie. »Wusstest du das nicht?«

Papa schaute der Mücke nach, die zur Decke hochflog. Dann holte er ein Vergrößerungsglas und ein Lexikon. Freundliche Mücken? Das musste er wirklich untersuchen.

Und es wurde Abend und es wurde Nacht und in dieser Nacht war keine einzige Mücke in Zackarinas Zimmer. Mama sagte, das sei wegen des elektrischen Antimückenapparats, den sie in der Stadt gekauft hatte, ein kleiner Summapparat, der alle Mücken vertrieb. Papa sagte, dass es an den Mückengittern lag, die er in jedes Fenster eingesetzt hatte.

Aber Zackarina, die sagte nichts. Sie lag in ihrem Bett und träumte – von einem goldenen Wolf, der ein Wiegenlied pfiff, so zauberhaft ermüdend, dass alle Mücken dieser Welt fest einschliefen, ohne einen Mucks von sich zu geben.

In Wirklichkeit

Es fing mit einem Vogel an – einem pechschwarzen Vogel mit knallgelbem Schnabel. Zackarina hatte ihn schon am Morgen durch das Fenster gesehen.

Und ein bisschen später, als sie mit dem Springseil hinausging, saß er einfach im Hof, direkt unterhalb der Treppe.

Das musste der gleiche Vogel sein, dessen war sie sich fast sicher. Er war etwas größer als ein Spatz, aber kleiner als eine Elster.

Zackarina ging vorsichtig einen Schritt auf ihn zu.

Der Vogel hüpfte ein Stückchen davon, flog aber nicht fort.

»Papa!«, rief sie. »Komm und schau! Wir haben einen zahmen Vogel!«

Aus dem Arbeitszimmer drinnen im Haus hörte sie eine undeutliche Antwort. Es war Papa, der etwas von »bald fertig« sagte. Der Vogel hielt seinen Kopf schief und sah Zackarina an.

Ah, er ist sicher hungrig, dachte sie. Riesenhungrig.

Sie ging in die Küche und öffnete die Tür zur Speisekammer. Vögel mögen Brot. Oder noch besser, Haferflocken.

Sie zog eine Tüte hervor und da entdeckte sie etwas sehr Interessantes. Etwas Kleines und Blaues, mit feiner Goldschrift drauf.

Ein Schokoladenriegel.

Sie stellte die Haferflocken beiseite und nahm stattdessen die Schokolade. Der schwarze Gelbschnabel war bestimmt kein gewöhnlicher Vogel. Er mochte in Gold eingepackte Schokolade garantiert lieber als alte, trockene Haferflocken.

Zackarina öffnete das raschelnde Papier und probierte ein Stückchen. Mmm, wie lecker! Sie aß noch ein Stück.

Vögel mögen sicherlich lieber kleine Schokoladenstückchen, dachte sie.

Genau da stand Papa im Arbeitszimmer vom

Schreibtisch auf. Der Stuhl scharrte am Boden entlang.

Schnell steckte Zackarina den Rest der Schokolade in den Mund, knäulte das Papier zusammen und versteckte es in der Hand.

»Hallo«, sagte Papa, als er in die Küche kam. »Hast du Lust auf eine Überraschung?«

Zackarina nickte und schluckte. Die Schokolade rutschte in den Bauch. Papa öffnete die Tür zur Speisekammer.

»Es ist keine große Überraschung«, sagte er. »Nur eine kleine-kleine Sache, die ich heute Morgen gefunden habe, als ich den Haferbrei gekocht habe.«

Er suchte in den Fächern. Schob Tüten und Büchsen umher.

»Komisch«, sagte er. »Er ist weg.«

Er sah Zackarina an.

»Oder hast du ihn gesehen?«, fragte er. »Einen Schokoladenriegel, hier in der Speisekammer?«

Zackarina wusste nicht recht, was sie sagen sollte. Sie wollte nicht lügen, das wollte sie wirklich nicht. Aber sie wollte auch nicht sagen, dass sie diesen Schokoriegel gerade aufgegessen hatte. Das war ihr so unangenehm.

»Es war ein ... ein Vogel«, sagte sie.

»Was?« fragte Papa. »Ein Vogel? Hier in der Küche?«

Zackarina nickte. Ja, genau, hier in der Küche. Auf jeden Fall fast, dachte sie.

»Unglaublich«, sagte Papa. »Aber wie ist er hier hereingekommen?«

Ja, wie war das geschehen? Nun musste Zackarina überlegen. Wie in aller Welt konnte ein Vogel in ihre Küche gelangen? Aber dann fiel es ihr ein. Es war so einfach, dass sie lachen musste.

»Na, der ist hereingeflogen«, sagte sie. »Durch die Tür natürlich.«

»War die nicht zu?«, fragte Papa.

»Nein, das hatten wir vergessen«, sagte Zackarina. »Wir hatten es so eilig, dass wir nicht daran gedacht haben.«

»Aha«, sagte Papa. »Und die Speisekammertür?«

»Die war auch offen«, sagte Zackarina. »Aber nicht so weit. Nur einen kleinen Spalt.«

Papa rieb sich am Kinn.

»Der Vogel ist also zuerst in die Küche, dann in die Speisekammer geflogen und hat sich den Schokoladenriegel geschnappt?«, fragte er.

»Ja, wirklich komisch, nicht wahr?«, sagte Zackarina. »Ich war sehr erstaunt. Hilfe, ein Vogel in der Küche! Und dann habe ich nach dir gerufen, mehrmals, aber du bist nicht gekommen.«

»Ach so, hast du deshalb gerufen?«, fragte Papa.

»Ja, denn er war fast zahm«, sagte Zackarina. »Fast wie verzaubert.«

Papa fragte, wie der Vogel ausgesehen hatte, und Zackarina erzählte es ihm. Papa meinte, es könnte eine Amsel gewesen sein, und beide fanden die ganze Geschichte sehr merkwürdig.

»Schade nur, dass du nun keine Schokolade bekommen hast«, sagte Papa.

»Ach, das macht nichts«, sagte Zackarina.

Gerade als sie dies gesagt hatte, wunderte sie sich, was sie da für eine runde Kugel in der Hand hatte. Ein zusammengeknäultes Stück Papier? Was war das? Aber dann fiel es ihr ein und ihre Ohren fühlten sich plötzlich seltsam warm an.

»Also, eigentlich«, sagte sie und ging einen Schritt auf die Tür zu. »Ja eigentlich ... muss ich raus, glaube ich.«

Sie schlüpfte zur Tür hinaus und sauste davon, hinunter zum Strand.

Der Sandwolf, der den ganzen Tag lang Vögel geschart und Fische geschwärmt hatte, lag in den Ausläufern der Wellen und döste. Er freute sich sehr, als Zackarina kam. Er sehnte sich nach einem kleinen Schwätzchen und danach, dass jemand ihm über den Rücken streichelte. Zackarina setzte sich, und der Sandwolf bat sie, ihn ein bisschen zu kraulen, gerne auch zwischen den Ohren.

»Na, du«, murmelte er. »Erzähl!«

Er rollte sich zusammen und hörte schläfrig zu, während Zackarina erzählte – von einem Vogel, der schwarz war mit gelbem Schnabel, und von einer Schokolade mit blau-goldenem Siegel, die schnipp-schnapp geschwind verschwand im Wind. Und dann sagte sie, dass man so etwas nicht erfinden dürfe.

»Wie? Darf man nicht?«, fragte der Sandwolf und wurde putzmunter.

»Nein, man muss sagen, wie es ist«, sagte Zackarina. »Wie es in Wirklichkeit ist.«

Der Sandwolf sah zum Himmel hinauf, wo die frisch gescharten Vögel flogen.

»Die Wirklichkeit«, sagte er, »das ist ein sehr großer und merkwürdiger Ort. Dort geschieht wirklich alles.«

Dann rollte er sich wieder zusammen und schloss die Augen. Zackarina hatte eine gute Geschichte erzählt. Wie war sie nun gleich?

Ein kohlrabenschwarzer Vogel mit goldenem Schnabel
fliegt über Land und Meer.
In seinem goldenen Schnabel trägt er einen Schatz,
einen schimmernden Schatz im Wind ...

Zackarina stand vorsichtig auf, um den Sandwolf nicht zu wecken. Auf dem Heimweg entschied sie sich, Papa zu erzählen, wie es mit dem Vogel und der Schokolade und allem gewesen war.

Allerdings nicht gleich, sondern am Abend, wenn sie im Bett lag.

Mit der Decke über dem Kopf, dachte sie. Dann erzähl ich's.

Aber als Zackarina nach Hause kam, stand Papa mitten im Hof und hielt sich den Kopf. In der Hand hatte er etwas Kleines, das wie Gold glänzte.

»Ganz unglaublich«, sagte er.

»Was denn?«, fragte Zackarina.

»Ein Schokoladenriegel«, sagte Papa. »Sieh! Der ist auf meinen Kopf gefallen, direkt aus der Luft, jetzt – gerade eben. Das hat richtig wehgetan.«

»Ist das wahr?«, fragte Zackarina.

»Ja, ich verstehe überhaupt nichts mehr«, sagte Papa. »Der muss von einem Flugzeug heruntergefallen sein.«

Sie blickten zum Himmel hinauf, sahen aber nichts.

Nichts außer den Vögeln.

Denken üben

An einem sonnigen Tag mitten im Sommer saß Zackarina am Strand und fror so sehr, dass ihre Zähne klapperten.

»Hier, zieh den Bademantel an«, sagte Papa.

Er fror auch. Sie waren sicherlich eine Stunde lang im Wasser gewesen, weil Zackarina schwimmen lernen wollte und Papa dabei sein musste.

»Ich will noch mehr ü...üben«, zitterte Zackarina.

»Ja, aber zuerst muss uns wieder warm werden«, sagte Papa.

Er zog sich seinen Pullover an und sagte, dass er heimgehe und eine Thermosflasche mit Tee und Zwieback holen wolle.

»Ich w...warte hier«, sagte Zackarina.

Papa verschwand hinter den Fichten und im selben Augenblick glitt der Sandwolf aus dem Sand hervor, glitzerglücklich im goldenen Fell und mit wedelndem Schwanz.

»Bravo«, sagte er. »Du kannst ja jetzt beinahe schwimmen.«

»Ja, aber nur beinahe«, sagte Zackarina.

Sie kuschelte sich an den Wolf, der warm war wie eine Wüste und besser als ein Bademantel.

Warum musste es so schwierig sein, schwimmen zu lernen? Wenn Papa sie festhielt, ging es gut. Aber sobald er sie losließ, tauchte sie unter.

Es half nichts, dass sie mit den Beinen strampelte und mit den Armen paddelte, sosehr sie nur konnte. Sie ging trotzdem unter.

Papa sagte, sie solle sich entspannen, aber das funktionierte nicht. Man konnte sich doch nicht entspannen und gleichzeitig Schwimmzüge machen.

»Es ist so ungerecht«, sagte sie.

»Ja, ich weiß«, sagte der Sandwolf. »Aber ich bin so klug und schön, das ist einfach so.«

Zackarina knuffte ihn in die Seite.

»Ich spreche von den Fischen«, sagte sie.

»Die Fische?«, fragte der Sandwolf. »Was ist ungerecht mit ihnen?«

»Dass sie schwimmen können«, sagte Zackarina. »Sie brauchen noch nicht einmal zu üben und sie können es trotzdem. Und die Vögel!«

Sie zeigte auf die Möwen, die so leicht zwischen Himmel und Meer dahinschwebten.

»Sie können fliegen«, sagte sie. »Und das will ich auch können, und springen.«

»Wie ein Vogel?«, fragte der Sandwolf.

»Nein, wie ein Känguru«, sagte Zackarina. »Sie sind die Weltbesten im Springen.«

Der Sandwolf nickte und sagte, dass fast alle Tiere und Insekten unglaublich gut bei etwas Speziellem seien – beim Laufen, Klettern, Kriechen oder Schleichen. Und die Fledermäuse, die so gut hörten, dass sie im Dunkeln fliegen konnten! Und die Schmetterlinge, die einander kilometerweit riechen konnten, und die Schlangen! Was für Augen, welch messerscharfer Blick!

Zackarina seufzte.

»Und ich?«, sagte sie. »Ich kann nichts. Nichts, das irgendwie speziell ist.«

Aber da sagte der Sandwolf, das könne sie natürlich. Er sagte, Menschen seien mindestens in zwei Dingen spezialgut.

»In welchen zwei denn?«, fragte Zackarina.

Der Sandwolf öffnete das Maul, um zu antworten.

»Nein, warte! Sag nichts!«, rief Zackarina. »Ich will raten.«

Und so fing sie an zu überlegen. Was konnten Menschen, das so besonders war? Es konnte nichts mit Maschinen oder Autos zu tun haben, denn das wäre irgendwie Schummelei. Es musste etwas mit dem menschlichen Körper zu tun haben. Auf zwei Fingern pfeifen, vielleicht?

»So rate doch!«, sagte der Sandwolf.

»Warte doch, ich denke«, sagte Zackarina.

»Ja! Richtig!«, heulte der Sandwolf und sprang hoch.

»Was?«, sagte Zackarina. »Wovon sprichst ...«

»Juhuuu! Wieder richtig!«, rief der Sandwolf und streckte den Schwanz nach oben.

»Aber was habe ich denn gesagt?«, fragte Zackarina.

»Denken und sprechen«, sagte der Sandwolf. »Das sind die Sachen, die nur Menschen können.«

Zackarina dachte nach. Vielleicht stimmte es. Denn Fische zum Beispiel konnten nicht reden – und wie war es mit den Vögeln? Konnten die denken? Oder flogen sie einfach so? Schwangen sie nur die Flügel, ohne einen einzigen Gedanken in ihren Vogelköpfen?

»Also, die Vögel«, sagte sie, »wissen die etwas? Verstehen sie, dass sie fliegen?«

Der Sandwolf setzte sich und lächelte glücklich.

Dies, sagte er, sei wirklich kein schlechter Gedanke! Es sei eine sehr interessante Frage.

Wissen die Vögel, dass sie fliegen? Es war genau die Sorte Fragen, die er sich zu stellen pflegte, wenn er das Denken üben wollte.

»Einen solchen Gedanken kann man lange mit sich herumtragen«, sagte er. »Ihn drehen und wenden, in kleine Teile zerlegen und wieder zusammensetzen.«

Zackarina war ziemlich stolz, einen so kniffeligen Gedanken gefunden zu haben.

»Und du?«, sagte sie. »Hast du etwas, worüber man nachdenken kann?«

Der Sandwolf zog sich an den Schnurrhaaren.

»Na ja, wenn man das Denken üben will«, sagte er, »kann man sich immer fragen, warum?«

»Warum?«, fragte Zackarina. »Warum was denn?«

»Warum was auch immer«, sagte der Sandwolf. »Eine meiner Lieblingsfragen ist: Warum die Fliege? Darüber kann ich eine Woche lang nachdenken.«

Er spitzte die Ohren. Vom Pfad her hörte man Schritte.

Da kam Papa mit der Thermoskanne und Zwieback.

Der Sandwolf schimmerte auf und glitt leise in den Sand.

»Wie geht's?«, fragte Papa. »Ist dir jetzt wieder wärmer?«

Zackarina sagte, ihr sei sehr warm. Sie fand, sie könnten mit dem Schwimmunterricht gleich weitermachen und mit dem Tee warten, und Papa war einverstanden. Sie gingen ins Wasser hinein, bis es an Zackarinas Achseln reichte. Es war windstill, das Meer war glatt und glänzte.

»Auf dem Rücken oder auf dem Bauch?«, fragte Papa.

»Auf dem Rücken«, sagte Zackarina.

Sie legte sich ins Wasser. Papa hielt sie am Nakken und am Rücken fest.

»Und jetzt die Schwimmzüge«, sagte er. »Auuus und eiiin mit den Armen, und die Beine – nach außen beugen und zusammenziehen, und eins und zwei ...«

»Leise, warte ein bisschen, ich muss denken«, sagte Zackarina.

Sie ruhte im Meer, auf Papas Händen. Wippte

ein wenig mit den Füßen, wackelte langsam mit den Armen. Das Wasser säuselte in ihren Ohren. Hoch oben wölbte sich der Himmel, blau und klar. Warum?, dachte sie. Warum blau?

In diesem Augenblick und ohne dass sie es merkte, ließ Papa sie los.

Das kleine Feuer

Eines Morgens wachte Zackarina sehr früh auf. Im ganzen Haus war es mucksmäuschenstill. Nur aus Mamas und Papas Schlafzimmer waren ein paar undeutliche Schnarchtöne zu hören. Zackarina zog sich an, flink wie ein Wiesel, und schlich hinaus. Draußen war es auch sehr ruhig. Das Meer lag blank da wie ein Spiegel. Die Sonne war noch nicht aufgegangen und die Luft war ein bisschen kalt.

Zackarina ging hinunter zum Strand. Gestern Abend hatten sie dort ein Lagerfeuer gemacht, sie und Mama und Papa, und Würstchen und Äpfel gegrillt. Nun war das Feuer verlöscht. Im Sand lagen nur ein Haufen grauer Asche und ein paar verkohlte Ästchen.

»Du armes kleines Feuer, bist du ganz erloschen?«, fragte Zackarina.

Sie streckte die Hand aus und strich über ein schwarzes Ästchen. Aber ui! Es war heiß! Sie beugte sich vor und schaute ganz genau hin. Tief innen im Schwarzen flackerte eine kleine rote Glut.

Wie klein es ist, dachte Zackarina. Es ist sicherlich hungrig.

Sie lief zu den Fichten hinauf, holte trockenes Gras und ein paar kleine Zweige und legte sie auf die Glut. Es fing an zu rauchen. Eine kleine Flamme züngelte, winzig wie die Zunge eines Kätzchens. Sie leckte vorsichtig an den Grashalmen und knabberte an den Zweigen.

Ich habe ein eigenes Feuer, dachte Zackarina.

Sie lachte und wärmte sich die Hände über ihrem kleinen Feuer. Das Lachen flog über den Strand und auf das Meer hinaus. Dort schwamm der Sandwolf – düste herum wie ein Motorboot, mit dem Schwanz als Schiffsschraube. Als er das Lachen hörte, steuerte er in höchster Geschwindigkeit auf das Land zu.

»Schiff ahoi!«, grüßte er. »Ich will auch dabei sein und Spaß haben!«

Mit einem Satz war er bei Zackarina angelangt.

Er schüttelte sich das Wasser aus dem sandigen Fell. Die Wassertropfen spritzten umher und das kleine Feuer zischte.

»Hör auf!«, sagte Zackarina. »Du erschreckst ja mein Feuer. Sieh nur!«

Der Sandwolf schaute auf das Feuer und rümpfte die Nase.

»Dem kleinen Gauner da traue ich nicht«, sagte er. »Das riecht nach Ärger.«

Das Feuer flackerte auf und spuckte ein Stückchen Glut in Richtung des Sandwolfs. Der schnaubte und sagte, dass sich gerade in solch kleinen ärgerlichen Feuerchen manchmal ein Drache verstecken würde.

»Was für ein Drache?«, fragte Zackarina.

Der Sandwolf setzte sich und drückte das Wasser aus dem Schwanz.

»Ja, eben ein Drache«, sagte er. »Einer von der unangenehmen Sorte.«

»Warte einen Augenblick«, sagte Zackarina. »Ich muss das Feuer füttern, es hat Hunger.«

Sie lief zu den Fichten hinauf und kam mit den Händen voller Zapfen und Äste zurück und legte sie auf das kleine Feuer. Es knisterte und prasselte und die Funken sprühten. Die Flammen reckten und streckten sich, gelb und warm.

»Sieh nur, wie es frisst!«, sagte Zackarina. »Und wie es wächst!«

»Ja, also der Drache«, sagte der Sandwolf. »Der Drache versteckt sich gewöhnlich ...«

Zackarina hörte nicht zu. Sie war wieder zum Waldrand gelaufen. Als sie zurückkam, hatte sie die Arme voller Zapfen und Äste und Zweige und Stöcke und Gräser.

»Nein, genug jetzt«, sagte der Sandwolf. »Du musst an den Drachen denken ...«

Aber es war schon zu spät. Zackarina hatte bereits das ganze Bündel auf das Feuer geworfen. Für einen Augenblick war es, als würde das Feuer verschwinden, aber dann kam es wieder zum Vorschein. Die Flammen schlugen hoch auf, rasend rot und brüllend heiß. Das Feuer schwankte, warf sich von einer zur anderen Seite wie eine tanzende Schlange – wie ein Drache!

Zackarina fiel nach hinten um. Hilfe, was war geschehen? Wo war ihr kleines Feuer geblieben? Der rote Drache war ja furchtbar! Und er wollte mehr zu fressen haben, das sah sie. Nicht nur

Zweige und Zapfen – nun wollte er ganze Bäume und Wälder und Häuser verschlingen!

»Hilfe! Aufhören! Stopp das Feuer!«, rief sie.

Da stand der Sandwolf auf und spuckte.

Und es war keine gewöhnliche kleine Ladung Spucke, die er da von sich gab. Nein, er spritzte wilder als der wildeste Gartenschlauch, wie eine richtige Feuerspritze. Das rasende Feuer keuchte und schnaufte, zischte – und erlosch. Zackarina setzte sich auf und fühlte sich ganz zittrig.

»Ja, wie gesagt«, sagte der Sandwolf. »In manchen Feuern wohnt ein Drache.«

»Ich werde nie wieder ein Feuer machen«, sagte Zackarina. »Noch nicht mal Würstchen grillen. Nie wieder, in meinem ganzen Leben.«

Der Sandwolf sagte, selbstverständlich solle sie wieder ein Feuer machen und unbedingt Würstchen grillen. Aber natürlich müsse man dabei immer vorsichtig und klug sein, sagte er. Man müsse aufpassen, dass das gute Feuer nicht zu einem verrückten Drachen anwächst.

»Am Anfang war es nicht gefährlich«, sagte Zackarina.

»Nein, das ist das Problem mit Gefahren«, sagte der Sandwolf. »Am Anfang wirken sie oft ungefährlich und angenehm.«

Dann blitzten seine Augen auf und er sagte, es gebe auch wunderbare Gefahren, und in seiner

Stimme konnte man alle Unwetter und hohe, heimliche Kletterbäume erahnen. Zackarina bedeckte den schwarzen Haufen, der vor kurzem noch ein grauenvoller, verrückter Drache gewesen war, mit Sand. So, jetzt war er tot und begraben. Dann sah sie den Sandwolf an.

»Übrigens«, sagte sie, »hast du gut gespuckt und so viel.«

Der Sandwolf reckte sich und sah sehr stolz aus.

»Tja, man hat ja trainiert«, sagte er. »Ungefähr tausend Jahre lang, oder so.«

»Aber wie macht man das?«, fragte Zackarina.

»Schau mal, so!«, sagte der Sandwolf und zeigte es ihr.

Und die beiden standen am Strand, spuckten und spuckten, während die Sonne aus dem Meer aufstieg – warm und schön, wie das beste Feuer.

Zackarina und der Tod

Zackarina stand am Strand, hielt die Hand über die Augen und spähte aufs Meer hinaus. In der Nacht hatte es gestürmt und es war immer noch sehr windig. Die schaumgekrönten Wellen warfen sich gegen die Klippen, und das Wasser schwappte weit über den Sand, bis zu Zackarina hin. Aber es machte ihr nichts aus, dass sie nass wurde. Sie lachte nur. Sie liebte stürmisches Wetter.

An solch einem Tag konnte alles Mögliche an Land gespült werden.

Das Erste war der Sandwolf. Er war gelber als gewöhnlich, wilder und glücklicher.

»Du bist größer geworden«, sagte Zackarina.

»Natürlich«, sagte der Sandwolf. »Ich wachse immer, wenn es stürmt. Das Leben ist wunderbar, wenn es gefährlich ist!«

Er rollte sich im Sand, denn sein Fell war ganz grün vor lauter Seegras.

Zackarina spähte immer noch über das dunkle Meer. Weit draußen sah sie etwas Weißes, das vielleicht ein Segel war. Oder nein, es war ein Vogel. Das erkannte sie nun, als das Weiße näher und näher kam. Der Vogel glich einem Schwan. Aber der Schnabel war nicht gelb wie bei einem normalen Schwan, sondern leuchtend rot.

»Sieh, der Schwan dort, er kommt hierher!«, rief sie.

Der Sandwolf setzte sich auf und schaute in die Richtung, in die Zackarina zeigte. Dann sprang er auf und lachte.

»Ha! Den kenne ich«, sagte er. »Das ist der Tod, der da kommt.«

Der Tod? Zackarina lief ein Schauer über den Rücken, und ihr war plötzlich so kalt, dass ihre Zähne klapperten.

»Ich glaube, ich muss jetzt nach Hause«, sagte sie.

Der Sandwolf sah sie überrascht an.

»Wie? Nach Hause?«, fragte er. »Warum?«

»Weil ... meine Füße ein bisschen nass sind«, sagte Zackarina.

»Ja, aber ... der Tod?«, sagte der Sandwolf erstaunt. »Willst du ihn nicht treffen?«

»Aber dann sterbe ich doch«, sagte Zackarina.

Der Sandwolf stupste sie mit der Nase an.

»Ach was«, sagte er. »Man stirbt nicht gleich davon, wenn man den Tod trifft. Er kommt sicherlich nicht, um dich zu holen, du bist doch weder alt noch krank. Oder? Du siehst auf jeden Fall sehr gesund aus.«

Während der Sandwolf redete, glitt der Schwan an Land. Er streckte den Hals und schüttelte die Federn, und ohne dass man eigentlich sehen konnte, wie es geschah, war er weg.

Stattdessen stand nun ein älterer Mann am Strand. Seine Kleider sahen altmodisch aus, und Zackarina dachte, er sei wahrscheinlich ein Seemann. Und da er überhaupt nicht gefährlich aussah, blieb sie stehen. Aber sicherheitshalber stellte sie sich ein bisschen näher zum Sandwolf.

»Guten Tag, Tod«, sagte der Sandwolf.

»Guten Tag, Kamerad«, sagte der Tod.

Er kraulte den Sandwolf zwischen den Ohren, und der fing zu schnurren an, fast wie eine Katze.

»Du bist doch wohl nicht gekommen, um Zackarina zu holen?«, sagte er.

Der Tod sah Zackarina an und seine Augen waren blau wie der Himmel. Er lächelte und sagte, er sei nicht ihretwegen gekommen. Sie habe noch viele lange und glückliche Jahre zu leben.

»Nein, ich soll einen Hund holen, der Tikko heißt«, sagte der Tod.

Zackarina schrie auf. Sie wusste genau, wer Tikko war. Es war der Hund von Petterssons, die in dem gelben Haus bei den Briefkästen wohnten. Der Hund war alt und konnte schlecht gehen, aber trotzdem – musste er deshalb gleich sterben? Und musste er ausgerechnet heute sterben?

Zackarina bat den Tod zu warten, bis morgen oder so, aber der Tod sagte, er könne nicht warten.

»Übrigens bestimme nicht ich, wer stirbt«, sagte er. »Das bestimmt das Leben und das ist stärker als ich.«

Er drehte sich um und ging. Und obwohl er so langsam ging, war er in weniger als einem Augenblick verschwunden.

»Großartig, nicht wahr?«, sagte der Sandwolf. »Er rennt nie, ist aber schneller als der Blitz. Das ist der Tod.«

Zackarina fühlte sich erleichtert, als er fortgegangen war. Nicht dass sie Angst vor ihm hatte, aber sie wollte ihn auch nicht allzu oft treffen.

»Aber dann?«, fragte sie. »Wo bringt er Tikko hin?«

»Nun ja, das ist ein Geheimnis«, sagte der Sandwolf. »Das weiß nur der Tod.«

Dann schrie er auf.

»Ein Traktorreifen!«, jauchzte er.

Und wirklich, dort kam ein großer, schwarzer Reifen über die Wellen angeschaukelt. Sie fingen den Reifen ein und zogen ihn zusammen an Land. Sie konnten es kaum glauben – ein Reifen, was für ein Fund!

Zackarina nahm den Sandwolf beim Schwanz und sie tanzten um den Reifen herum. Während sie tanzten, holte der Tod den Hund Tikko und zusammen gingen die beiden fort. Sie gingen an einen Ort, der ganz in der Nähe liegt, aber sehr weit weg ist.

Am nächsten Morgen erzählte Papa beim Frühstück, dass Petterssons Hund tot sei.

»Das wusste ich bereits«, sagte Zackarina.

»Aha? Hast du mit Pettersson gesprochen?«, fragte Papa.

»Nein, mit dem Tod«, sagte Zackarina. »Ich habe ihn gestern am Strand getroffen.«

Papa blieb der Haferbrei im Hals stecken und er musste schrecklich husten. Als er zu Ende gehustet hatte, wollte er wissen, wie der Tod aussah. Aber

Zackarina hatte keine Lust, ihm das zu erzählen. Das sollte er selbst herausfinden.

»Ich sage nur drei Dinge«, sagte sie und hielt drei Finger hoch. »Schwan, Seemann und Traktorreifen.«

»Traktorreifen?«, fragte Papa.

Zackarina nickte. »Ja, genau, ein richtiger Traktorreifen.«

»Denn du weißt doch, wie es ist, Papa«, sagte sie. »Wenn es gestürmt hat, kann alles Mögliche an Land gespült werden.«

Verirrt im Nebel

An einem kühlen, grauen Tag entschied sich Zackarina, einen Ausflug zu machen. Papa machte Proviant für sie, Saft und Käsebrote, und verstaute alles in einem roten Rucksack.

»Geh aber nicht zu weit weg«, sagte Papa.

»Nein, nur so weit, bis ich Lust auf den Proviant bekomme«, sagte Zackarina.

Zuerst ging sie einmal ums Haus herum, aber das reichte nicht aus. Sie war noch überhaupt nicht hungrig oder durstig. Dann ging sie zum Strand hinunter. Das Meer lag grau und ruhig da, und im Sand saß der Sandwolf, hatte die Augen geschlossen und murmelte und glitzerte goldiger als gewöhnlich.

»Ich mache einen Ausflug«, sagte sie. »Kommst du mit?«

»Danke, nein danke«, sagte er. »Ich muss ein wichtiges Gedicht dichten.«

Zackarina verstand ihn genau. Natürlich konnte er nicht mitten im Gedicht aufhören. Also ging sie alleine am Strand entlang weiter. Bald kam sie zu einer Stelle mit ungewöhnlich zerklüfteten Klippen. In den Felslöchern hatte sich Wasser gesammelt.

Zackarina nahm den Rucksack ab, legte sich flach auf den Bauch und schaute in so einen kleinen Tümpel hinein. Darin schwammen drei Krabben. Zackarina entschied, dass sie eine Krabbenmama und ein Krabbenpapa mit ihrem Krabbenkind waren. Sie fühlten sich sehr wohl in ihrem Tümpel, hatten aber leider kein Haus. Zackarina fing an, aus kleinen, kleinen Steinen ein Krabbenhaus zu bauen.

Es machte Spaß, ein Steinhaus in dem kleinen Tümpel zu bauen. Zackarina hatte keine Zeit, ihren Proviant zu verspeisen. Sie hatte noch nicht einmal Zeit aufzublicken. Deshalb sah sie auch nicht, als der Nebel auftauchte – dicker, weißer Nebel, der vom Meer her auf das Land zugerollt kam. Nein, sie bemerkte den Nebel nicht, bis er plötzlich überall war, überall um sie herum.

Das war der dichteste Nebel, den man sich vorstellen kann. Zackarina konnte nur die Steine in der allernächsten Nähe sehen, aber sonst nichts. Alles war weiß wie mitten in einer Wolke, wie mitten in einer Mehltüte. Und auch alle Laute waren verschwunden. Hatte der Nebel sie aufgegessen?

»Also, jetzt gehe ich heim«, sagte Zackarina.

Sogar ihre eigene Stimme klang im Nebel seltsam. Sie stand auf, setzte ihren Rucksack auf und ging los. Anfangs ging sie schnell und bestimmt, dann langsamer. Dann blieb sie stehen. Sie kannte sich nicht richtig aus. Alles war so nebelig anders.

Ihr Zuhause? In welcher Richtung lag es? Dort entlang? Oder nein, vielleicht – dort? Jetzt bekam Zackarina Angst und sie fing an zu laufen. Die Beine zitterten, das Herz schlug laut und schnell. Sie irrte umher, in einem Nebel, der dichter und dichter wurde. Sie keuchte und schnaufte, stolperte und rutschte aus, bis sie mit etwas zusammenstieß und umfiel. Sie fiel direkt in etwas Warmes und Weiches und Glitzergroßes. Der Sandwolf!

»Wie schnell du läufst«, sagte er. »Hast du's eilig?«

»Ich habe mich verirrt!«, heulte Zackarina. »Ich will nach Hause!«

»Na klar, wer will das nicht?«, sagte der Sandwolf.

Zackarina schluchzte, aber sie hatte überhaupt keine Angst mehr.

»Übrigens, schön, dass wir zusammengestoßen sind«, sagte der Sandwolf. »Es ist nämlich jetzt fertig.«

»Was?«, fragte Zackarina.

»Mein Gedicht«, sagte der Sandwolf. »Das neue, es heißt *Gedicht für dich Verirrte.*«

Er räusperte sich feierlich und sagte mit wichtiger Stimme:

»Wenn du still sitzen bleibst, trallalut,
wird alles, alles gut!«

Zackarina wartete auf den nächsten Vers, aber es kam keiner. Der Sandwolf wedelte ein wenig schüchtern mit dem Schwanz. Er wartete bestimmt darauf, dass sie etwas zu dem Gedicht sagte.

»Es war ziemlich kurz«, sagte sie.

»Ja, richtig!« sagte der Sandwolf. »So kurz und

doch so klug. Denn genau das soll man machen, wenn man sich verirrt hat – sich einfach ruhig verhalten.«

»Wie lange?«, fragte Zackarina.

»Bis man gefunden wird«, sagte der Sandwolf. »Denn wenn man sich verirrt hat, sucht einen fast immer jemand.«

»Ja, zum Beispiel du«, sagte Zackarina. »Denn du hast doch nach mir gesucht, oder?«

»Nein, ich habe nicht gesucht«, sagte der Sandwolf. »Ich lag nur hier und dann bist du auf mich gefallen.«

»Ja, aber du findest doch den Weg nach Hause?«, sagte Zackarina.

»Ich? Nach Hause finden? In diesem Nebel hier!«, sagte der Sandwolf. »Nein, ich habe keine Ahnung.«

»Aber was machen wir dann?«, fragte Zackarina.

Der Sandwolf streckte sich aus und machte es sich bequem.

»Wir machen es wie im Gedicht«, sagte er. »Still sitzen, trallalut, und daran denken, wie schön es sein wird, wenn wir gefunden werden.«

Zackarina packte ihren Proviant aus. Den roten

Rucksack legte sie auf einen Stein. Dann aß sie ihre Brote und trank ihren Saft und danach wurde sie müde und kuschelte sich an den Sandwolf und schlief ein. Als sie aufwachte, waren der Nebel und der Wolf weg. Stattdessen schien die Sonne, und jetzt war es Papa, der neben ihr saß.

»Ich habe mir Sorgen gemacht, als du nicht nach Hause gekommen bist«, sagte er. »Deshalb bin ich rausgegangen und habe nach dir gesucht und dann habe ich den Rucksack gesehen.«

»Ich habe mich verirrt«, sagte Zackarina.

»Hast du Angst gehabt?«, fragte Papa.

»Ja, aber nur am Anfang«, sagte Zackarina. »Dann habe ich mich beruhigt.«

Papa fand, das habe sie gut und richtig gemacht. Zackarina umarmte ihn.

»Danke, dass du mich so gut gefunden hast«, sagte sie.

Der Sandwolf saß ganz in der Nähe hinter einem Stein. Er blinzelte einen Sonnenstrahl an und flüsterte: »Danke, danke für das strahlende Gefundenwerden.«

Dann schloss er die Augen, denn er spürte ganz deutlich, dass ein neues Gedicht auf dem Weg war. Es war etwas mit wirren und verirren und Kopf und Topf und vielleicht einem kleinen Hüpfer in der Mitte.

Sehr interessant, dachte er. Ich bin gespannt darauf, wie das Gedicht werden wird.

Freund oder Feind?

Es war ein ganz normaler und netter Morgen und Zackarina und Papa saßen in der Küche am Tisch. Mama war schon zur Arbeit gefahren, Papa las Zeitung und Zackarina aß ihren Haferbrei. Aber gerade als es am nettesten und normalsten war, blickte Papa von seiner Zeitung auf.

»Ja, übrigens«, sagte er. »Mama hat gesagt, dass Petterssons Enkelkind hier ist und heute zu Besuch kommt. Es ist ein Mädchen und ihr seid gleich alt.«

Zackarina drückte ihren Löffel in den Brei. Onkel Pettersson war ihr Nachbar, aber niemand hatte je etwas davon erzählt, dass er eine Enkelin hatte. Auf jeden Fall nicht Zackarina. Und sie mochte es überhaupt nicht, so plötzlich davon zu erfahren, mitten im Frühstück.

Eine Enkelin?

»Ja und?«, sagte Zackarina. »Das ist mir doch egal.«

»Warum sagst du das?«, fragte Papa. »Sie möchte vielleicht mit dir spielen.«

»Aber ich will vielleicht nicht mit ihr spielen«, sagte Zackarina.

Papa sah sie etwas verwundert an, sagte aber nichts. Zackarina nahm ihr Springseil und ging nach draußen. Im Garten lief sie ein paar Runden und sang, ziemlich laut. Dann und wann schaute sie zu Petterssons Haus hinüber, aber weder er noch dieses Enkelkind waren zu sehen.

Und außerdem, dachte sie, sind sie mir egal.

Sie drehte noch eine Extrarunde um den Apfelbaum und die Schaukel, aber dann ging sie zum Strand hinunter. Dort saß der Sandwolf auf der glatten Klippe weit draußen am Meer und putzte sein Fell. Von der Nase bis zur Schwanzspitze glänzte er wie Gold in der Sonne.

»Wie schön du bist«, sagte Zackarina.

»Wirklich?«, fragte der Sandwolf. »Und wie sehe ich hinten im Nacken aus?«

»Sehr gut«, sagte Zackarina. »Gehst du auf ein Fest?«

»Nein, ich treffe einen Freund«, sagte der Sandwolf. »Einen sehr guten Freund, wunderbar strahlend, rund und gelb und wahnsinnig nett.«

»Aber dann habe ich ja niemanden«, sagte Zackarina.

Der Sandwolf legte seinen Kopf auf ihre Schulter und sagte, er werde seinen guten Freund erst heute Abend treffen.

»Ihn sieht man am besten im Dunkeln«, sagte der Sandwolf.

»Wie heißt er?«, fragte Zackarina.

»Rate!«, sagte der Sandwolf.

Aber Zackarina riet nicht, denn sie hatte etwas anderes entdeckt. Etwas, das sie sofort untersuchen musste. Es waren Fußspuren im nassen Sand, viele hintereinander. Sie konnte weder sehen, wo sie anfingen, noch, wo sie aufhörten.

Der Sandwolf sprang von der Klippe herunter und roch an den Fußspuren.

»Mädchenfüße«, sagte er. »Sie sind heute hier gegangen, vor kurzem.«

Zackarina setzte vorsichtig ihren Fuß in eine der Spuren. Es war fast ein bisschen unheimlich, denn er passte genau hinein.

»Wie weiß man, ob jemand ein Freund oder ein Feind ist?«, fragte Zackarina.

»Tja, das ist wohl so wie mit Essen«, sagte der Sandwolf. »Man muss es probieren.«

»Kann man nicht«, sagte Zackarina. »Man kann doch keine Menschen essen.«

»Nein, aber man kann ihnen in die Augen sehen«, sagte der Sandwolf. »Dann weiß man fast immer Bescheid.«

Zackarina fing an, in den Fußspuren zu gehen, ein Schritt nach dem anderen – über den Sand, an der Klippe und dem Schilf vorbei, über Petterssons Strand und bis zu Petterssons Bootshaus. Dort verschwanden die Fußspuren.

Zackarina schlich an der Wand entlang und streckte vorsichtig ihren Kopf um die Ecke. Und dort, genau hinter dem Bootshaus, stand ein Mädchen. Es stand ganz still, fast so, als hätte es auf Zackarina gewartet. Sie waren ungefähr gleich groß, und sie standen sich so dicht gegenüber, dass ihre Nasen fast zusammenstießen.

Zackarina blickte in die Augen des anderen Mädchens. Sie waren braun mit einem schwarzen Punkt in der Mitte, und tief in diesen Augen sah

Zackarina jemanden, den sie wiedererkannte. Sie sah sich selbst – wie ein kleines, kleines Spiegelbild.

»Du bist auf meinem Strand gegangen«, sagte Zackarina.

»Und du stehst auf dem Strand meines Großvaters«, sagte die andere.

»Wie heißt du?«, fragte Zackarina.

»Karina«, sagte das Mädchen.

»Aber dann reimen sich ja unsere Namen«, sagte Zackarina, »denn ich heiße Zackarina!«

Und da fingen sie an zu lachen, beide. Karina lachte und Zackarina lachte und tief in ihren Augen lachten die Spiegelbilder.

Dann spielten sie den ganzen Tag lang zusammen, und als Karina nach Hause fuhr, stand Zackarina oben am Weg und winkte.

Zu Hause wollte Papa wissen, was sie gemacht hatten, sie und Karina.

Zackarina erzählte es, aber nicht alles. Nicht das mit Petterssons Katze, zum Beispiel, und nichts vom Klettern in der Fichte.

»Wir sind jetzt Freundinnen, ich und Karina«, sagte sie. »Und vielleicht besuche ich sie mal in der Stadt.«

»Erinnerst du dich an heute Morgen?«, fragte Papa. »Heute Morgen wolltest du überhaupt nicht mit ihr spielen.«

»Aber da hatte ich sie ja noch nicht angeschaut«, sagte Zackarina. »Und da wusste ich noch nicht, dass sich unsere Namen reimen.«

Es wurde Abend und Nacht. Zackarina schlief, und Karina schlief, aber einer, der nicht schlief, das war der Sandwolf. Er saß wach und wild am Strand und wartete auf seinen Freund. Und da kam er. Groß und rund und gelb ging er am Himmel auf und warf sein silbernes Licht über Land und Meer.

»Oh, du mein liebster nächtlicher Vollmond«, seufzte der Sandwolf.

Dann sagte er nichts mehr, er heulte nur noch. Aber der Mond verstand trotzdem, was er meinte, obwohl er kein Wort sagte, denn Freunde verstehen einen fast immer.

Herbstlaub

Zackarina stand am Fenster und sah hinaus. Es war jetzt richtiger Herbst und der Wind zerrte an den gelben und roten Blättern. Ein perfekter Tag, fanden Mama und Papa, um drinnen im Warmen zu sitzen, Tee zu trinken und ein Buch zu lesen.

Sie saßen also im Sofa, hatten die Nasen tief in die Bücher gesteckt und raschelten leise mit den Buchseiten. Aber Zackarina hatte keine Lust, nur dazusitzen.

»Ich will etwas machen«, sagte sie. »Ich will rausgehen.«

»Mmm«, sagte Mama und blätterte eine Seite im Buch um.

»Zieh deinen Pullover an«, sagte Papa und schlürfte seinen Tee.

Zackarina zog sich an und ging hinaus. Das herbstliche Wetter zerzauste die Haare und kniff in die Wangen. Die Sonnenstrahlen schimmerten auf den schaumigen Wogen.

Unten am Strand, direkt am Waldrand, hatte der Wind das Laub zu großen, wunderbaren Haufen zusammengeweht.

Zackarina warf sich in einen Laubhaufen.

»Hallo«, raschelte eine Stimme zwischen den Blättern. »Dieser Haufen ist bereits besetzt!«

Der Sandwolf schaute hervor, gelb wie eine herbstliche Birke und froh wie ein Sturm. Er wedelte mit dem Schwanz, sodass das Laub umherwirbelte.

Zackarina lachte, nahm beide Hände voller Laub und warf es auf ihn.

Er warf Blätter zurück, und dann hatten sie eine Laubschlacht, bis sie so außer Puste waren, dass sie kein einziges Blatt mehr aufheben konnten.

Sie legten sich rücklings ins Laub und sahen zum Himmel hinauf, wo eine graue Wolke die andere jagte.

»Mama und Papa lesen heute nur«, sagte Zackarina. »Sie sitzen und sitzen und lesen und lesen.«

Der Sandwolf hob den Kopf hoch. Seine Ohren waren gespitzt.

»Aha?«, sagte er. »Lesen sie Bücher?«

»Ja«, sagte Zackarina.

Jetzt wurde der Sandwolf sehr neugierig. Er

wollte genau wissen, was für Bücher sie zu Hause hatten. Waren sie dick oder dünn? Welche Farbe hatten sie? Und er wollte wissen, wie sie rochen und wie sie klangen – wenn man zum Beispiel auf sie klopfte oder in ihnen blätterte.

»Du magst offensichtlich Bücher«, sagte Zackarina.

Der Sandwolf sah sie erstaunt an.

»Mögen?«, fragte er. »Ich mache sie ja!«

Zackarina lachte.

»Stimmt doch gar nicht«, sagte sie.

Sie wusste nämlich, dass Bücher von Menschen gemacht wurden. Von Leuten, die Schriftsteller waren und deren Arbeit das Schreiben war. Und das sagte sie dem Sandwolf. Er sagte, das sei ganz richtig. Das seien die, die auf ihre Buchstabenmaschinen drückten und die Wörter zusammenstöpselten.

»Aber Buchstaben schreiben«, sagte er, »das kann fast jeder.«

»Aber was machst du denn?«, fragte Zackarina.

Der Sandwolf streckte sich und lächelte mit seinen tausend weißen, scharfen Schneckenhauszähnen.

»Ich«, sagte er, »ich bin die Erzählungen.«

Er machte einen flotten Purzelbaum im Laub.

»Die Geschichten«, sagte er, »die Einfälle, die Märchen – sie kommen von mir!«

Und dann nahm er ein Blatt auf und atmete es mit seinem wüstenwarmen Atem an.

Da geschah etwas Merkwürdiges. Das Blatt schien zu erwachen und fing zu singen an. Und nicht nur das – es zitterte und tanzte, es flüsterte und lachte im Laub!

»Ein Fisch!«, rief Zackarina. »Hast du das gesehen?«

»Das Märchen von Sören und den sizilianischen Sardinen«, sagte der Sandwolf und warf das Blatt in die Luft.

»Nein, halt!«, rief Zackarina. »Ich will es mir ansehen! Was ist dann passiert?«

Aber der Wind hatte das Blatt bereits verweht. Wie ein gelber Schimmer stieg es zum Himmel auf und flog davon. Der Sandwolf sagte, es gebe überall Geschichten, im Laub, in Stöcken, in Libellen und Schraubenziehern und in verlorenen Handschuhen.

»Und wenn ich atme, dann erwachen die

Märchen«, sagte der Sandwolf. »Ich mache sie ein bisschen deutlicher, damit die Menschen sie sehen können.«

»Ja, aber wie werden aus dem Laub Bücher?«, fragte Zackarina. »Und aus den Handschuhen?«

Der Sandwolf sagte, dies sei ziemlich einfach. Das Einzige, was passieren müsse, sei, dass jemand die Handschuhe oder das Laub entdecke. Aber es müsse natürlich jemand sein, der die Geschichte wirklich sehe. Jemand, der sie verstehe und für andere erzählen könne – in einem Buch zum Beispiel.

»Allerdings gibt es Menschen, die Geschichten weder sehen noch hören«, sagte er. »Ihre Köpfe sind sozusagen zugeklebt.«

»Aber ich habe das Märchen im Blatt gesehen«, sagte Zackarina. »Ich habe den ganzen Anfang gesehen.«

Der Sandwolf nickte.

»Kinder haben gewöhnlich sehr gute Augen«, sagte er.

Dann tauchte er in den Laubhaufen und verschwand. Zackarina hörte, wie er dort unten wühlte und blies und atmete. Der ganze Haufen fing an zu singen und zu rascheln und zu flüstern und zu tanzen.

Zackarina nahm die Arme voll goldgelber Herbstblätter und lief nach Hause. Mama und Papa saßen genau wie vorher mit ihren Büchern da. Zackarina stürmte herein und ließ das Laub auf den Boden fallen.

»Seht nur!«, sagte sie. »Ich habe ein Märchen gefunden!«

Mama hob ihre Nase aus dem Buch.

»Aber Zackarina«, sagte sie. »Warum bringst du denn den ganzen Dreck mit ins Haus?«

»Oh nein«, sagte Papa. »Was ist das denn? Laub?«

Mama beugte sich vor und sah sich die Blätter genau an.

»Sie sind allerdings außergewöhnlich schön«, sagte sie.

»Schh! Hört zu!«, sagte Zackarina.

Sie setzte sich und breitete das Laub auf dem Teppich aus und fing an zu erzählen:

»Es war einmal ein Mädchen, das in einem Haus am Meer wohnte.«

»Was erzählst du da?«, fragte Mama. »Handelt es von dir?«

»Wir werden sehen«, sagte Zackarina.

Sie drehte ein Blatt um und da kam Mama und dann Papa.

Die beiden setzten sich neben Zackarina und hörten zu.

Es war einmal ein Mädchen, das an einem Strand spielte.

Dort wohnte ein Wolf.

Sie waren Freunde.

Zackarina, der Sandwolf und das Meer

Eine richtige Erfindung

Zackarina wohnte zusammen mit ihrer Mama und ihrem Papa in einem Haus am Meer. Sie hatte keine Geschwister und keine Kaninchen – nur eine kleine, graubraune Hausmaus. Aber die sah man fast nie. Die versteckte sich. Und außerdem gehörte sie eigentlich nicht Zackarina.

»Man kann doch keine Maus haben, oder, Papa?«, fragte Zackarina. »Die gibt es ja sowieso, ungefähr so wie die Elche.«

Papa nickte und murmelte ärgerlich etwas von einem »rostigen Schrotthaufen«.

Sie waren draußen, Zackarina und ihr Papa. Er reparierte das Auto, denn irgendetwas am Motor war kaputt. Er schraubte und hämmerte und Zackarina half ihm. Sie reichte ihm die Werkzeuge.

»Und der Sandwolf«, sagte sie, »mit dem ist es genauso. Es gibt ihn einfach.«

Sie hob einen Schraubenzieher auf, den Papa fallen gelassen hatte, und dachte, wie gut das war. Wie gut, dass es den Sandwolf hier in der Nähe gab, gleich unten am Strand. Den ganzen Sandwolf, von der Nasenspitze bis zum Schwanz – glitzerwild und schön und ungewöhnlich selten.

»Ich verstehe das hier nicht«, sagte Papa. »Ich werde noch verrückt! Wo liegt der Fehler?«

Er starrte auf den Motor und sah wirklich etwas verrückt aus.

»Vielleicht solltest du es noch mal mit dem Hammer probieren«, schlug Zackarina vor.

Papa stöhnte nur.

»Warte, jetzt weiß ich es«, sagte Zackarina. »Ich kann den Sandwolf fragen. Soll ich?«

»Den Sandwolf fragen?«, sagte Papa.

»Ja, denn der weiß fast alles«, sagte Zackarina. »Über Kometen und alle möglichen Dinge.«

»Aber Zackarina«, sagte Papa. »Der Sandwolf ist doch nur eine Erfindung. Er kann mir doch nicht helfen, das Auto zu reparieren. Das ist wirklich kaputt.«

Zackarina legte den Schraubenzieher in die Werkzeugkiste und schloss den Deckel sehr sorgfältig.

»Aber der Sandwolf weiß sehr viel«, sagte sie. »Besonders, wenn man fragt.«

Papa seufzte und wischte sich seine schmutzigen Hände an einem ebenso schmutzigen Tuch ab.

»Ich gehe rein und rufe die Werkstatt an«, sagte er.

Und das tat er dann auch.

Zackarina blieb eine Weile beim Auto stehen. Sie bohrte mit dem Fuß im Schotter herum. Trat ein bisschen gegen die Werkzeugkiste. Dann ging sie zur Schaukel und setzte sich.

Der Sandwolf ist überhaupt keine Erfindung, dachte sie. Das weiß ich.

Oder wusste sie es doch nicht? Plötzlich war sie sich nicht mehr so sicher. Sie holte Schwung und fing an zu schaukeln. Nicht, weil sie Lust dazu hatte, sondern einfach nur so. Etwas musste man ja tun. Da schaukelte sie eben. Auf und ab. Manchmal blickte sie hinunter zum Meer, sah aber nichts Besonderes. Nur die Sonne, die in den Wellen glitzerte.

Zackarina streckte sich. Schaukelte höher und höher.

Der Wind war voll Sommer und sie schaukelte so hoch wie das Dach des Hauses. Holte noch mehr Schwung, sodass es im Bauch kribbelte, und schaukelte so hoch wie die Baumspitzen. Und noch ein bisschen höher und direkt in den Himmel, und der Himmel war blau.

Dann sprang sie. Sie flog fast von der Schaukel und lief den ganzen Pfad entlang, hinunter zum Strand. Die Füße trampelten und trommelten. Sie rief, sie schrie: »Halloooo!«

Und da war er. Lag lang wie ein Sommer gleich hinter dem Schilf, mit klauenscharfen Tatzen und nachtblau im Blick. Zackarina warf sich in den Sand und atmete aus.

Alles war gut und richtig. Die Wellen gluckten. Die Möwen flogen.

»Das wusste ich«, sagte Zackarina. »Ich wusste es die ganze Zeit.«

Der Sandwolf blinzelte blau und stimmte ihr zu: »Natürlich, die ganze Zeit.«

»Aber Papa«, sagte Zackarina, »er sagt, du bist eine Erfindung.«

Der Sandwolf hielt sich den Bauch vor Lachen und sah unglaublich glücklich aus.

»Wie? Glaubt er das?«, sagte er. »Und ich, der ich Erfindungen liebe! Du etwa nicht?«

»Aber sie sind nicht wirklich«, sagte Zackarina.

»Was meinst du mit wirklich?«, fragte der Sandwolf. »Alles, was wichtig ist, ist wirklich.«

Er rollte sich zusammen und fing an, von einer Erfindung zu erzählen, die ihm einmal eingefallen war.

»Vielleicht war es gestern in der Nacht«, sagte er. »Oder war es in der Nacht, als die Leberblümchen aufgeblüht sind?«

Er war sich nicht ganz sicher. Auf jeden Fall war es bei der Erfindung um ein kleines Teil gegangen, das kaputt war.

»Und dieses kleine Teil hat in einem Uto gewohnt«, sagte er.

»In einem Uto?«, fragte Zackarina. »Was ist das?«

Der Sandwolf runzelte die Stirn und dachte nach.

»Tja, es war vielleicht ein Oto«, sagte er. »Oder ein Öto ... Oto, Uto, Auto ... Auto? Auto! Ja, es war ein Auto! Das kleine Teil wohnte in einem Auto, so war es!«

Zackarina setzte sich kerzengerade auf und starrte den Sandwolf an.

»Ja, und dann war da noch eine kleine Maus«, sagte er.

»Eine Maus?«, fragte Zackarina.

»Ja, ganz am Anfang von der Erfindung«, sagte der Sandwolf. »Da fiel mir eine kleine, graubraune Maus ein, die knabberte ein kleines, kleines Loch ins Auto.«

»Ein Loch ins Auto?«, fragte Zackarina.

»Ja, in die Treibstoffzufuhrleitung. Kannst du dir das vorstellen?«, sagte der Sandwolf. »Was für ein Wort, was für ein Ding! Das hat eine ganze Ewigkeit gedauert, bis ich darauf gekommen bin! Treibstoffzufuhrleitung!«

Schwups!, war Zackarina auf den Füßen und lief nach Hause. Neben dem Auto stand Papa, ärgerlich und sauer.

»Sie haben keine Zeit in der Werkstatt«, sagte er. »Nicht vor nächster Woche.«

Zackarina ging einmal ums Auto herum. Klopfte ein wenig hier und dort.

»Du, Papa«, sagte sie. »Hast du die Treibstoffzufuhrleitung kontrolliert?«

Papa sah sie an. Lange.

Dann öffnete er die Motorhaube.

Die Treibstoffzufuhrleitung, dachte der Sandwolf. Es ist unglaublich, was einem so einfallen kann. Er wandte seine Nase dem Meer zu. Die Wellen gluckten. Der Tag war sonnig und der Himmel war blau. Und nun? Was sollte er nun erfinden?

Vielleicht einen Tiger? Einen Tiger, der in einem Apfelbaum wohnte?

Oder vielleicht einen Papa? Einen Papa, der ein kleines Teil fand, das kaputt war, und der das kleine Teil reparierte und seine kleine Tochter umarmte und »Hurra!« rief und sie zu etwas Gutem einladen wollte – zu einem Is.

Is?, dachte der Sandwolf. Nein, so konnte es nicht heißen, nicht Is. Eis. Das klang besser.

Er leckte einige Male an dem Wort und nickte.

Eis war auf jeden Fall eine sehr gute Erfindung.

Geliebter kleiner Hund!

Zackarina war ganz verzweifelt. Sie konnte nicht verstehen, wo Kuschelhund geblieben war. Er war nirgends zu finden, er war spurlos verschwunden. Und jetzt war Papa auch noch weg, genau, wenn man ihn einmal wirklich brauchte.

»Papa!«, rief Zackarina.

»Hier im Keller!«, rief Papa zurück.

Zackarina lief schnell die Treppe hinunter und in die Waschküche. Dort stand Papa mit einer Säge in der Hand und wollte gerade ein Brett durchsägen.

»Hast du Kuschelhund gesehen, Papa?«, fragte Zackarina.

Papa antwortete, dass er ihn nicht gesehen habe. »Sicherlich tausendmal«, sagte er, »nur gerade heute nicht. Aber gestern habe ich ihn gesehen«, sagte er noch. »Als du Mama geholfen hast, die Wäsche aufzuhängen.«

»Ja, da lag er im Wäschekorb«, sagte Zackarina. »Aber da habe ich schon gesucht.«

»In deinem Bett?«, fragte Papa. »Hast du dort nachgesehen?«

Das hatte Zackarina. Sie hatte sowohl im Bett als auch unter dem Bett nachgesehen und im ganzen Zimmer und ganzen Haus gesucht. Überall hatte sie gesucht, aber Kuschelhund war nicht zu finden.

»Er kann ja nicht weggelaufen sein«, sagte Papa. »Du musst wohl weitersuchen.«

»Du musst mir helfen«, sagte Zackarina.

Aber Papa hatte keine Zeit, ihr zu helfen. Er hatte ein Loch im Keller entdeckt. Es war ein ziemlich großes Loch in der Wand neben einem Fenster. Und dieses Loch musste er so schnell wie möglich reparieren, jetzt sofort.

Zackarina fand, man könne mit dem Reparieren warten. Das sei doch nicht so wichtig. Aber Papa sagte, dass es sehr wichtig sei. Es sei nicht gut, Löcher in einem alten Haus zu haben. Es könne alles Mögliche hereinkommen. Regen zum Beispiel.

»Und Ratten. Ratten und Füchse und alle möglichen wilden Tiere«, sagte Papa.

Wilde Tiere? Genau, dachte Zackarina. Ich werde den Sandwolf fragen.

»Danke für den Tipp«, sagte sie und lief hinaus.

Den ganzen Weg zum Strand hinunter rief sie nach Kuschelhund. Nicht, dass er antworten könnte, auf jeden Fall nicht laut. Am besten

konnte er ganz leise sprechen und meistens tat er es mit den Augen. Aber sie rief trotzdem, sicherheitshalber.

Damit er hört, dass ich ihn suche, dachte sie.

Einer, den sie nicht suchen musste, war der Sandwolf. Er saß wie in Gold gekleidet vor seiner Grotte und starrte auf den Boden. Er blickte auf einen kleinen Stein – weiß und rund. Er lächelte den Stein an und murmelte etwas.

Zackarina zog an seinem Fell.

»Komm, du musst mir helfen«, sagte sie. »Wir müssen Kuschelhund finden!«

Der Sandwolf rümpfte die Nase. Er mochte Hunde nicht besonders. Er fand sie so wühlerisch.

»Sie wühlen Sachen einfach kaputt«, sagte er. »Zum Beispiel schöne Sandstrände. Und außerdem bellen sie.«

Der Sandwolf mochte nicht angebellt werden.

»Aber Kuschelhund ist lieb«, sagte Zackarina. »Er bellt und wühlt nicht.«

Sie versuchte dem Sandwolf zu erklären, wie unglaublich lieb Kuschelhund war.

»Und klug«, sagte sie. »Er ist genauso klug wie ich.«

»Ui-ui-ui«, sagte der Sandwolf. »Du magst diesen kuscheligen Hund wohl sehr gern.«

Zackarina nickte nur, denn sie hatte Kuschelhund so lieb, dass sie es kaum sagen konnte. Er hatte so glänzende, nette Augen und so krumme, lustige Ohren. Und er war so zart und weich, dass man einfach jauchzen musste! Und wenn alle dumm waren und niemand einen verstand, dann war Kuschelhund so gut, denn er konnte trösten.

»Er ist fast der Beste auf der ganzen Welt«, sagte Zackarina.

Plötzlich füllten sich ihre Augen mit Tränen. Wenn Kuschelhund nun wirklich weg war, weg für immer? Sie wollte nicht ohne Kuschelhund leben.

»Ja, ja«, sagte der Sandwolf. »Ich werde dir suchen helfen, wenn es so wichtig für dich ist mit diesem ... Hund.«

Zackarina schluchzte auf.

»Aber dann musst du erst aufhören zu heulen«, sagte der Sandwolf. »Sonst siehst du ja nicht, wonach du suchst.« Aber Zackarina schluchzte weiter.

»Du, ich habs – ich werde einen Heulstopper

erzählen«, sagte der Sandwolf. »Eine kleine lustige Geschichte, hör zu ... jetzt wird es lustig ...«

Er trampelte im Sand herum und versuchte, auf etwas Lustiges zu kommen.

»Haha! Weißt du was?«, sagte er. »Heute Morgen kam ein Fuchs vorbei, und der meinte, dass er in eurem Haus ein Kaninchen gefangen hatte!«

»Kaninchen? Ich habe doch gar kein Kaninchen«, schluchzte Zackarina.

»Ja, genau«, sagte der Sandwolf. »Es war auch kein Kaninchen, sondern nur ein altes Fellstück mit Sägespänen drin! Was für ein dummer Fuchs, oder?«

Zackarina fand die Fuchsgeschichte überhaupt nicht lustig, nur doof und langweilig. Aber plötzlich kam ihr ein schrecklicher Gedanke: Wäschekorb, Waschküche, das Loch im Keller, Fuchs im Haus – und ein Fellding mit Sägespänen drin.

»Was hat der Fuchs dann gemacht?«, fragte sie mit zitternder Stimme. »Was hat er mit diesem Fellding gemacht?«

»Was weiß ich«, sagte der Sandwolf. »Vielleicht hat er es in die Büsche geworfen. Warum?«

Er blickte zu den Wacholdersträuchern weiter

oben am Strand. Im nächsten Moment war Zackarina mitten in den Sträuchern, und dort – dort, an einem stacheligen Ast hing Kuschelhund und glitzerte mit den Augen.

Zackarina machte ihn vorsichtig los und befreite ihn von Stacheln und Rinde. Sie strich über seine krummen Ohren.

»Armer, kleiner Kuschelhund«, sagte sie.

Der Sandwolf, der sich alles erstaunt angesehen hatte, sperrte nur sein Maul auf.

»Aber hallo. Das ist doch gar kein Hund«, sagte er. »Das ist doch nur ein Fellsack mit Sägespänen!«

Zackarina starrte ihn an und hielt Kuschelhund die Ohren zu, damit er sich solche Dummheiten nicht anhören musste.

»Du bist selbst voll mit Sägespänen«, sagte sie.

Und dann marschierte sie mit Kuschelhund im Arm nach Hause. Nie wieder durfte der Fuchs ihn erwischen. Nie wieder durfte er verloren gehen.

Der Sandwolf seufzte und legte sich in den Sand, direkt vor den glatten, kleinen, weißen Stein.

»Jetzt ist sie wütend«, sagte er. »Obwohl es doch so ist. Es ist ein Fellsack mit Sägespänen.«

Er drückte die Nase an den Stein.

»Es ist gut, dass ich dich habe, kleiner Stein«, sagte er. »Denn du verstehst immer, was ich meine.«

Kleiner Stein bewegte sich keinen Millimeter und sagte kein einziges Wort. Aber er war so glatt und schön, dass der Sandwolf jauchzen musste!

Tick, tick, die Uhr

Es war Sommer und im Haus am Meer war es Morgen. Zackarina saß auf Mamas Schoß und hatte es gemütlich. Es war einer der allerbesten Morgen. Zackarina war noch ein bisschen schläfrig und gähnte und hatte es schön und warm auf Mamas Schoß. Mama las Zackarina ein Buch vor und Papa klapperte mit den Töpfen. Der Haferbrei dampfte auf dem Herd vor sich hin. Die Uhr an der Wand tickte.

»Und so lebten sie glücklich bis an ihr Lebensende«, las Mama vor. Dann klappte sie das Buch zu und umarmte Zackarina.

»Mmmehr«, sagte Zackarina.

»Noch ein Buch?«, fragte Mama.

»Na ja, dafür wird kaum noch Zeit sein«, sagte Papa. »Es ist schon fast acht Uhr.«

Mama erschrak.

»Wie? Acht?«, rief sie. »Schon so spät?«

Sie stand so schnell auf, dass Zackarina fast von ihrem Schoß fiel, denn jetzt hatte sie es eilig – Schuhe finden, wo ist die Tasche, flugs, flugs, der Bus kommt, muss rennen, bis heute Abend und Kuss und tschüs!

Und schon war sie weg und auf dem Weg zur Arbeit.

Zackarina sah ärgerlich zur Uhr. Die schwarzen Zeiger ragten spöttisch hervor.

Tick und tack, es ist acht Uhr,
Mama schnell zur Arbeit fuhr!

Sei still, Schrottuhr, dachte sie.

Papa stellte ihren Haferbrei auf den Tisch.

»Ich gehe raus in den Garten«, sagte er. »Kommst du dann?«

Zackarina nickte und Papa ging hinaus. Sie setzte sich an den Tisch und stocherte in ihrem Brei herum und dachte, dass es viel besser wäre, wenn es dort an der Wand keine Uhr gäbe. Stattdessen lieber ein schönes Bild oder etwas anderes und Lustigeres. Dann müsste niemand loslaufen, mitten in aller Gemütlichkeit.

Und da, da hatte sie plötzlich eine strahlende Idee. Sie ließ den Löffel los, platsch! in die Milch, stand auf und schob den Stuhl an die Wand. Sie kletterte hinauf und holte etwas herunter und schleppte, schlich zur Tür hinaus, schlich die Treppe hinunter und tapste leise über den Rasen, damit Papa sie nicht entdecken sollte. Dann lief sie, so schnell sie konnte, zum Strand.

Dort setzte sie sich in den Sand und holte Atem. Im Arm hatte sie – ja, genau: die Uhr.

Sie legte sie beiseite und fing an zu graben.

Tick und tack.

Ein Stückchen weiter am Strand tummelte sich der Sandwolf und zählte Sandkörner. Er war schon bis zu sieben Stück gekommen und hatte nur noch einige Millionen übrig, als ihn das Tick und Tack in den Ohren kitzelte.

Nanu, dachte er und landete mit einem rasanten Satz neben Zackarina.

»Ich bin wirklich selten«, sagte er.

»Das weiß ich wohl«, sagte Zackarina und grub weiter.

»Selten schön und selten klug«, sagte der Sandwolf und wedelte zufrieden mit seinem langen Schwanz.

Zackarina sah ihn an.

»Was meinst du?«, fragte sie.

»Ich meine«, sagte der Sandwolf, »dass ich genau verstehe, was du vorhast.«

Er machte eine kleine Pause und nickte klug.

»Du willst den Tickerapparat eingraben«, sagte er.

»Ja, das werde ich«, sagte Zackarina. »Denn er stört.«

»Wie stört?«, fragte der Sandwolf.

Zackarina hörte zu graben auf und versuchte es ihm zu erklären.

»Es ist immer das Gleiche«, sagte sie. »Die Uhr stört nur und zerstört alles, die ganze Zeit. Immer, wenn alles am lustigsten und schönsten ist, ist es gerade viertel vor oder zehn nach, und man muss mit allem, was lustig ist, aufhören und sich ins Bett legen und schlafen. Oder es ist acht. Und dann hat niemand mehr Zeit zum Vorlesen.«

Der Sandwolf legte ein Ohr an die Uhr und lauschte sehr genau.

... ticketacke Zeit, ticketacke Zeit,
haltet euch bereit.
Die Uhr ist nicht wenig,
denn sie ist König
über die ticketacke Zeit ...

Der Sandwolf fing schallend an zu lachen. Ja, er lachte und prustete so, dass er Tränen in die Augen bekam.

König über die Zeit? Was für ein dummes, kleines Ding!

Die Uhr zitterte und gab ein ärgerliches TICK UND TACK von sich.

»Ach, was für ein verlogenes Gerede«, sagte der Sandwolf.

Er wandte der Uhr den Rücken zu und setzte sich neben Zackarina.

»Die Uhr misst die Zeit nur«, sagte er. »Aber sie kann nicht über die Zeit bestimmen.«

»Wer macht das dann?«, fragte Zackarina.

»Das kann niemand«, sagte der Sandwolf. »Es ist unmöglich, denn die Zeit ist sehr alt und sehr groß. Und sehr mächtig! Mächtiger als alle Könige und Präsidenten auf der Welt zusammen – man kann sie weder steuern noch anhalten.«

Zackarina blickte in die Grube im Sand.

Wenn die Uhr nicht über die Zeit bestimmt, dann hat es ja keinen Sinn, sie einzugraben. Und dann ist es besser, sie wieder in der Küche aufzuhängen, bevor Papa merkt, dass sie weg ist.

Sie sagte dem Sandwolf »tschüs« und ging nach Hause, mit der Uhr unterm Arm. Aber nach einigen Schritten blieb sie stehen und drehte sich um.

»Ist die Zeit wirklich so, wie du sagst?«, fragte sie. »So groß, meine ich?«

»Unbedingt«, sagte der Sandwolf. »Sie ist so groß, dass man ihr Ende nicht sehen kann. Und auch kaum den Anfang. Auf jeden Fall nicht von hier aus.«

»Dann gibt es nicht zu wenig Zeit?«, fragte Zackarina.

»Zeit«, sagte er. »Zeit gibt es wirklich genug.«

Da ging Zackarina heim und hängte die Uhr wieder an ihren Platz, ohne dass Papa etwas merkte. Und der Tag verging so, wie die Tage vergehen, und als der Tag zu Ende war, war es Abend.

Zackarina lag in ihrem Bett. Neben ihr lag Mama und las ihr eine Gutenachtgeschichte vor. Es war einer der allerbesten Abende. Schöne, kühle Laken und so angenehm schläfrig.

»Und schnipp! und schnapp! Applaus, da war das Märchen aus«, las Mama vor.

Sie klappte das Buch zu, lächelte und umarmte Zackarina.

»Oh, noch mehr«, sagte Zackarina. »Noch ein Märchen.«

»Ich glaube, das wird nichts«, sagte Mama. »Es ist schon ziemlich spät. Schau mal auf die Uhr.«

Zackarina setzte sich im Bett auf.

»Also, jetzt werde ich aber sauer«, sagte sie.

»Warum?«, fragte Mama.

»Die Uhr! Die Uhr ist doch nur ein Apparat!«, sagte Zackarina. »Wie irgendein alter Handmixer. Die Uhr kann wohl nicht über Märchen bestimmen!«

Mama sah Zackarina an. Dann öffnete sie noch einmal das Buch.

»Prinz Hut unter der Erde«, sagte sie. »Willst du das hören?«

Zackarina nickte und lächelte und kroch wieder ins Bett. Prinz Hut mochte sie. Es war lang und gut. Und unten von der Küche hörte man leise Musik aus dem Radio und Papa, der telefonierte. Aber hörte man nicht noch etwas? Eine zarte, zarte Stimme, die leise, leise flüsterte:

Ticke Dank und einen Kuss,
dass ich nicht in die Grube muss!

Fahrraddiebe

Unten am Strand am Meer waren der Sandwolf und Zackarina sehr beschäftigt, jeder mit seiner eigenen Sache. Der Sandwolf war damit beschäftigt, in den auslaufenden Wellen herumzuplanschen. Das Wasser sagte plitsch! und platsch!, und der Sandwolf lachte und dachte an alles, was gut war, und dass es alle gut haben sollten. Er planschte weiche Kissen, gegen den Hunger große Bissen, für den Kranken eine Trage und lange, sonnige Tage.

»Komm, mach mit, Zackarina!«, rief der Sandwolf.

Aber Zackarina hatte keine Zeit, denn sie war mit ihrem Fahrrad beschäftigt. Sie versuchte, ein Fahrradschloss zu bauen. Zackarina nahm einen Stock und band ihn mit dem Springseil in den

Speichen des Hinterrades fest. Sie knotete die kompliziertesten Knoten, die sie kannte, und zog fest zu.

Knack! Der Stock brach ab.

Ich brauche einen dickeren, dachte sie.

Der Sandwolf machte eine Pause mit der Planscherei und trottete auf den Strand. Jetzt hatte Zackarina einen stabileren Stock gefunden, einen, der sicherlich nicht entzweibrach. Um zu prüfen, wie stabil er war, legte sie den Stock auf den Sand und schlug auf ihn ein – schlug und schlug, sodass es knallte und krachte.

»Was tust du?«, fragte der Sandwolf neugierig. »Warum machst du so einen Lärm?«

Zackarina, zerzaust und verschwitzt, hörte zu schlagen auf, hob den Stock hoch und rammte ihn wie ein Schwert in den Sand.

»Fahrraddiebe«, sagte sie.

»Fahrraddiebe?«, fragte der Sandwolf.

»Ja, denn weißt du, was sie tun?«, sagte Zackarina. »Sie nehmen Fahrräder mit. Sie nehmen sie einfach und stehlen sie, obwohl es nicht ihre sind. Wusstest du das?«

Der Sandwolf sagte, dass er so was gehört habe.

»Ich auch«, sagte Zackarina. »Sie haben es im Radio gesagt, dass Fahrraddiebe unterwegs sind.«

Sie schloss die Augen, sah aber trotzdem alles sehr deutlich. Sah die Fahrraddiebe und wie sie heranschlichen. Schlichen durch den Wald, in der Nacht. Mit Taschenlampen in den Händen und schwarzen Masken vor dem Gesicht.

Ihr schauderte und sie öffnete wieder die Augen.

Der Sandwolf kratzte sich hinter dem Ohr.

»Ich überlege«, sagte er, »überlege, wo ich es hingelegt habe.«

Nachdenklich trottete er über den Strand hinweg zu seiner Grotte. Zackarina hörte, wie er dort drinnen herumwühlte, aufjauchzte und blitzschnell zurückkam. Und er hatte ein schwarzes Rohr bei sich. Das Rohr war ziemlich klein und abgenutzt und es sah sehr alt aus.

»Das einzige auf der ganzen Welt«, sagte der Sandwolf und hielt das kleine Rohr hoch.

»Das einzige was?«, fragte Zackarina.

»Diebfernrohr«, sagte der Sandwolf.

Er hielt das Diebfernrohr vor ein Auge und schloss das andere. Er sagte, er habe es vor ungefähr vierhundert Jahren von dem Seeräuberkapitän Holzzeh bekommen. Oder vielleicht waren es vierhundertfünfzig. Und mit dem Diebfernrohr, sagte er, könne man Diebe, Schurken, Ganoven und Banditen sehen.

»Alle Diebe auf der ganzen Welt?«, fragte Zackarina.

»Natürlich«, nickte der Sandwolf und drehte am Fernrohr hin und her. Sagte, dass er einen Bankräuber in England sehe, und dort sei ein Apfeldieb in Kivik.

»Ich will auch durchgucken«, sagte Zackarina. »Ich will mir die Fahrraddiebe ansehen.«

Der Sandwolf stellte das Fernrohr auf Fahrraddiebe ein und reichte es Zackarina. Sie schaute durch das Rohr. Zuerst waren da nur zitternde Linien und flimmernde Farben. Aber dann wurde das Bild schärfer und dann sah sie es. Sah einen Jungen. Einen großen, fast erwachsenen. Er hatte einen roten Pullover an und spielte mit einem Hund. Warf einen Stock weg, dem der Hund hinterherlief und den er holte.

Der Junge streichelte den Hund. Der Hund wedelte mit dem Schwanz.

Dann knackte etwas im Diebfernrohr und das Bild verschwand. Zackarina sah den Sandwolf an.

»War das ein Fahrraddieb?«, fragte sie.

Der Sandwolf nahm das Fernrohr und schüttelte es. Es klirrte und schepperte.

»Hoppla! Das Rohr ist wohl völlig kaputt«, sagte er.

»Aber er hatte doch einen Hund«, sagte Zackarina.

Der Sandwolf nickte und sagte, dass Diebe alles Mögliche haben können. Sogar Geburtstag und Pfannkuchen zum Abendessen und blaue Schlipse mit dünnen Linien. Und manche hatten auch Zahnschmerzen.

»Aber warum nehmen sie Sachen weg?«, fragte Zackarina. »Wissen sie nicht, dass das verboten ist?«

Der Sandwolf warf ihr einen schrägen Blick zu und fing zu lachen an.

»Menschen«, sagte er, »sind die komischsten Tiere auf der Erde, die ich kenne. Manchmal sind sie ganz wunderbar und kochen Himbeermarmelade und singen Lieder und spielen Verstecken mit ihren Kindern. Aber manchmal ... manchmal sind Menschen wirklich gemein zueinander.«

»Ja, denn manchmal stehlen sie Fahrräder«, sagte Zackarina.

Sie zog den Stock aus dem Sand. Der Sandwolf sah sie an und es blinkte in seinen Sternenaugen.

»Ja, manchmal stehlen sie Sachen«, sagte er. »Und manchmal jagen sie einander mit harten Knüppeln und schlagen einander.«

Zackarina sah auf den Stock in ihrer Hand.

»Aber was soll man machen?«, fragte sie.

»Tja, ich selbst werde weiter mit Wasser spritzen«, sagte der Sandwolf.

»Spritzen?«, sagte Zackarina. »Es hilft wohl nichts, wenn man Wasser auf Fahrraddiebe spritzt.«

»Es hilft auch nichts, wenn man sie schlägt«, sagte der Sandwolf.

Zackarina warf den Stock weg.

»Ich werde mit Papa reden«, sagte sie. »Ich werde ihn bitten, ein richtiges Fahrradschloss zu kaufen.«

Sie nahm das Fahrrad und das Springseil und fuhr auf dem Pfad nach Hause.

Als sie hinter der großen Fichte verschwunden war, sprang der Sandwolf ins Meer und fing wieder an zu planschen. Es war ein Plitsch und ein Platsch und die Wassertropfen leuchteten in der Sonne wie wertvolle Diamanten.

Und dann spritzte er – spritzte so viel Wasser

um sich herum, wie er nur konnte. Spritzte weiche Teddys und Honig für die Kranken, spritzte Klugheit für die Dummen und Wasser mit den Pranken, Trost für die Trostlosen und Hoffnung für die Hoffnungslosen.

Spritzte ruhige Nächte und einen satten Magen.

Spritzte schöne Spiele und Glück an allen Tagen.

Abgehauen

Erst gab es Streit, mit Schreien und Schimpfen und ärgerlichen Worten. Dann wurde es ziemlich still im Haus. Papa fing an, die Wände in der Küche abzuwaschen, und Mama putzte den Boden. Zackarina wusste nicht so recht, was sie machen sollte.

»Soll ich ... soll ich helfen?«, fragte sie.

Papa antwortete nicht. Er wischte und wischte nur.

Und Mama sagte: »Nein danke, Zackarina. Ich glaube nicht.«

Zackarina verstand, dass der Streit nicht zu Ende war, und plötzlich wusste sie genau, was sie machen musste.

Leise nahm sie ihren roten Rucksack und ging los.

Den ganzen Pfad zum Strand entlang dachte sie an ihre Mama und ihren Papa. Sie dachte daran, wie die beiden sie vermissen würden, in einer Stunde oder so. Wie sie nach ihr suchen würden, immer unruhiger, und schließlich rufen würden: »Zackariiiiina!«

Aber niemand würde antworten.

Und da würden sie langsam anfangen zu verstehen. Verstehen, dass sie wirklich weg war, und unglücklich werden und anfangen zu weinen.

Den Rest ihres Lebens lang weinen, dachte Zackarina.

Sie kletterte über Stock und Stein, und da war sie am Ende des Pfades angelangt. Hier waren der Strand, das Meer und der Himmel, und mitten in allem sauste der Sandwolf herum. Er machte und tat, ordnete und schuftete. Er zwitscherte Vögel, verzweigte Fichten, streichelte Klippen und häufte Ameisen. Ja, es war wirklich ganz unglaublich, wie hilfsbereit er heute war!

Er rollte im Sand umher und glitzerte, angefüllt mit goldener Hilfsbereitschaft. Und genau da entdeckte er Zackarina. Sie stand am Ende des

Pfades, ernst und still, und mit ihrem roten Rucksack.

»Ich bin abgehauen«, sagte sie. »Ich bin von zu Hause abgehauen.«

Der Sandwolf starrte sie an, aber nur ungefähr drei Sekunden lang. Dann sprang er auf, fit wie ein Hit und mit gespitzten Ohren.

»Oh, wie gut«, sagte er. »Dann kann ich ja helfen!«

Er stürzte auf Zackarina zu, wedelte mit dem Schwanz und verwischte alle Fußspuren, die sie im Sand hinterlassen hatte.

»Du hast hoffentlich gut gepackt?«, fragte er. »Mit warmen Strümpfen und so?«

»Warme Strümpfe? Wieso?«, fragte Zackarina.

»Na, falls es kalt wird, natürlich«, sagte der Sandwolf. »Damit du nicht frierst.«

»Aber es ist doch Sommer«, sagte Zackarina.

»Ja, jetzt schon«, sagte der Sandwolf. »Aber dann? Und am Nordpol!«

»Aber ich will nicht bis zum Nordpol abhauen«, sagte Zackarina.

Der Sandwolf sagte, so etwas könne man nie im Voraus wissen. Er kenne viele, die geglaubt hatten, sie würden sich an einem warmen Platz niederlassen, zum Beispiel auf den Kanarischen Inseln. Aber dann seien sie stattdessen in den Eisbergen am Nordpol gelandet, und dort standen sie dann – ohne warme Strümpfe.

Zackarina ging weiter am Strand entlang. Der Sandwolf lief ihr nach und verwischte ihre Fußspuren.

»Und ein Regenschirm?«, fragte er. »Du hast hoffentlich wenigstens einen Regenschirm eingepackt?«

»Regenschirm?«, fragte Zackarina. »Warum denn?«

»Na, falls es anfängt zu regnen, natürlich«, sagte der Sandwolf. »Falls du nach Norwegen kommst.«

»Aber ich will nicht nach Norwegen«, sagte Zackarina.

»Aha«, sagte der Sandwolf. »Aber wohin willst du dann abhauen?«

Zackarina hielt an und deutete zum Waldrand.

»Dorthin«, sagte sie.

»O nein! Nur bis dorthin? Bis zu den großen Fichten?«, sagte der Sandwolf. »Aber da – da werden sie dich doch finden, ganz einfach, fast sofort!«

Zackarina stampfte in den Sand. Manchmal verstand der Sandwolf wirklich überhaupt nichts. Nicht einmal die allereinfachsten Sachen.

»Das will ich ja«, sagte sie. »Dass sie mich finden. Deshalb haut man doch ab. Wusstest du das nicht?«

Der Sandwolf räusperte sich und kratzte sich am Hals. Dann sagte er, dass er das sehr wohl wisse, selbstverständlich. Das wisse doch jeder – dass man abhaut, weil man wieder nach Hause kommen will.

»Ja, aber nach Hause zu etwas Besserem«, sagte Zackarina.

»Äh ... ja, genau«, sagte der Sandwolf.

Und dann drehte er um und trottete den Strand zurück und legte alle Fußspuren wieder frei, über die er Sand gewedelt hatte.

Zackarina ging weiter zum Waldrand. Sie kroch unter eine der dichten, grünen Fichten. Es war fast wie ein kleine Hütte unter den Zweigen. Sie nahm den Rucksack ab und öffnete ihn. Dort lagen Kuschelhund, ein Comic und ein Apfel.

Weit weg hörte sie unruhige Stimmen ihren Namen rufen, aber sie antwortete nicht. Die unruhigen Rufe kamen näher und näher. Zackarina biss in den Apfel.

»Schhh! Ich habe etwas gehört«, sagte ihr Papa.

Zackarina biss noch ein Apfelstück ab.

»Es kam von hier«, sagte ihre Mama. »Von der Fichte.«

Sie hob einen Zweig hoch, beugte sich hinunter und sah das Versteck.

»Oh, geliebtes kleines Kind«, sagte sie. »Da bist du ja!«

Papa kroch unter die Fichte und umarmte Zackarina. Sie umarmte ihn auch. Nicht allzu fest, nur ein bisschen.

»Verzeih«, sagte Papa.

»Was verzeihen?«, fragte Zackarina.

»Dass ich gesagt habe, dass du ein beschwerliches Kind bist«, sagte Papa.

»Und entschuldige, dass ich dich angeschrien habe«, sagte Mama. »Aber ich habe mich so erschreckt. Was für ein Krach!«

»Ist sie kaputtgegangen?«, fragte Zackarina.

Mama nickte.

»Aber das ist nicht so schlimm«, sagte sie. »Diese Kaffeekanne war sowieso nicht so gut.«

Zackarina pulte am Apfel und zog ein Stück von der Schale ab.

»Es war keine Absicht«, sagte sie. »Der Ball ist einfach davongeflogen.«

»Tja, so etwas passiert halt manchmal«, sagte Papa. »Dass Bälle einfach fliegen.«

»Aber ich habe trotzdem nicht vor, nach Hause zu kommen«, sagte Zackarina. »Denn ich bin ja schließlich abgehauen.«

Leise saßen sie eine Weile zusammen unter der dichten, grünen Fichte. Die Vögel zwitscherten.

»Komisch, dass hier keine Ameisen sind«, sagte Papa.

»Ein wunderbarer Platz«, sagte Mama. »Hier könnte man fast übernachten.«

»Ja, im Schlafsack!«, sagte Zackarina.

Und so machten sie es.

Als es Abend wurde, legten sie sich unter die dichten Fichten in ihre Schlafsäcke und schliefen ein.

Aber der Sandwolf, der war natürlich wach. Er

machte und tat. Er wiegte das Meer und blinkte die Sterne und teilte Regenschirme aus – an alle armen Ausreißer, die nicht unter grünverzweigten Fichten schliefen.

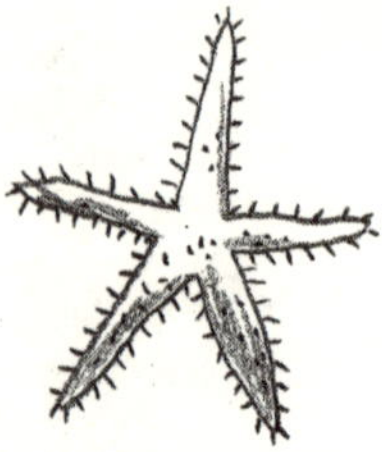

In der grünen Welt

Der Sandwolf lag flach in der Sonne auf einer glatten Klippe am Meer. Dicht neben ihm saß Zackarina und kratzte an ihren Mückenstichen – sieben Stück an dem einen Bein und drei an dem anderen. Damit hatte es nichts Besonderes oder Komisches auf sich. Nichts war besonders oder komisch.

Zackarina strich mit der Hand über die Klippe. Die war warm von der Sonne und hart und grau.

»Manchmal denke ich so was«, sagte sie. »Stell dir vor, es gibt noch einen anderen Ort.«

Der Sandwolf, der gerade am Einschlafen gewesen war, öffnete ein Auge. Einen anderen Ort?

»Wie eine ganz andere Welt«, sagte Zackarina. »Wo alles anders ist.«

Nun öffnete der Sandwolf beide Augen.

»Was meinst du mit anders?«, fragte er.

»Wie zum Beispiel, als wäre alles aus Schaumgummi«, sagte Zackarina. »Einfach alles – die Tische und die Stühle und der Boden und jeder kleine Stein …«

Und so stellte sie sich vor, wie weich alles wäre an diesem Schaumgummiort. Man könnte überall hinfallen und würde sich doch nie wehtun. Man würde nur zurückprallen.

Der Sandwolf hob den Kopf an und sah aufs Meer hinaus.

»Man könnte sich ja vorstellen«, sagte er, »vorstellen, dass man eine Eintrittskarte findet.«

Eine Eintrittskarte?

Zackarina legte sich mit dem Rücken auf die Klippe, schloss die Augen und dachte sich eine Eintrittskarte. Sie wusste genau, wie die aussah.

»Sie ist grün«, sagte sie. »Hellgrün und ziemlich klein.«

Und genau in dem Augenblick, als sie sich die Eintrittskarte vorstellte, lag diese in ihrer Hand – papierraschelig und hellgrün und ziemlich klein. Quer über der Karte waren ein schwarzer Strich und eine Schere zu sehen.

»Aber ich glaube, man kann sie auch auseinanderreißen«, sagte Zackarina.

»Wie auseinanderreißen?«, fragte der Sandwolf.

»Na, das verstehst du doch wohl«, sagte Zackarina. »So!«

Und sie riss die Eintrittskarte entzwei.

Ritsch!

Die ganze Welt bebte. Der Himmel hellte sich auf und Zackarina fiel – direkt durch die harte Klippe hindurch. Ein Licht blitzte, und es donnerte, und dann wurde alles anders.

Zackarina blinzelte. Sie rieb sich die Augen.

Es war grün. Alles war grün. Nicht grün wie ein Rasen oder ein Wald, sondern grün auf eine ganz andere Weise.

Jedes Ding war grün!

Zuerst wurde es Zackarina ganz schwindelig. Alles war so neu und komisch, ein wimmeliges Wirrwarr von verschiedenen grünen Farben. Aber langsam fing sie an, sich daran zu gewöhnen, und verstand, was sie wirklich sah.

Sie sah eine knallgrüne Sonne an einem hellgrünen Himmel.

Sie sah graugrüne Häuser entlang einer schmalgrünen Straße.

Sie sah dunkelgrüne Autos, die auf der schmalgrünen Straße fuhren.

Und sie hörte und fing an zu lachen – denn sogar die Laute waren grün! Und die Düfte! Es roch grün! Das Einzige, was nicht grün war, war Zackarina.

Sie schaute auf ihre Hände, auf die Arme und die Beine. Nicht der allerkleinste grüne Fleck. Sicherheitshalber setzte sie sich auf einen moosgrünen Stein und zählte ihre Mückenstiche. Sieben an dem einen Bein und drei an dem anderen.

Ich bin genau die Gleiche wie vorher, dachte sie.

Da hörte sie eine Stimme. Eine freundlichgrünfröhliche Mädchenstimme.

»Sieh Mama! Da ist ein neues Mädchen gekommen!«

Zackarina blickte auf. Auf der schmalgrünen Straße standen ein Grünmädchen und ihre grüne Mama. Die beiden wollten sicherlich gerade auf die andere Seite gehen und warteten darauf, dass die dunkelgrünen Autos anhielten. Die grüne Mama hielt das Grünmädchen fest an der Hand.

Das Grünmädchen und Zackarina sahen einander an. Beide lächelten, und Zackarina war sich ganz sicher, dass das Grünmädchen auch Kaninchen mochte. Sie stand von dem Stein auf.

»Wir gehen auf den Spielplatz, schaukeln«, sagte das Grünmädchen. »Willst du mitkommen?«

Zackarina nickte. Natürlich wollte sie mitkommen. Natürlich wollte sie schaukeln!

Das Grünmädchen zog an der Hand ihrer Mama.

»Sie darf doch?«, sagte sie. »Denn ich will mit ihr spielen.«

»Mit wem?«, fragte die grüne Mama.

»Mit dem neuen Mädchen natürlich!«, sagte das Grünmädchen.

Die grüne Mama sah sich um. Für einen kurzen Moment verweilte ihr Blick auf Zackarina. Dann wandte sie sich um.

»Neues Mädchen?«, fragte sie. »Ich verstehe nicht, wovon du sprichst.«

Zackarina merkte, wie die ganze Welt bebte. Der hellgrüne Himmel leuchtete auf in blitzendem Licht und dunklem Donner, und sie war wieder zurück – zurück in ihrer eigenen, gewöhnlichen Welt. Auf der glatten Klippe lag der Sandwolf, goldenschön und wüstenwarm.

»Na, wie war es?«, fragte er. »Wie war es an dem anderen Ort?«

Zackarina fauchte, ärgerlich wie eine aufgebrachte Katze.

»Sie hat gelogen!«, fauchte sie. »Sie hat mich gesehen, sie wusste, dass ich da war!«

»Wer?«, fragte der Sandwolf. »Wer hat gelogen?«

»Die grüne Tante. Ich mochte sie überhaupt nicht«, sagte Zackarina.

Und dann erzählte sie alles, was in der grünen Welt geschehen war. Der Sandwolf fand es sehr interessant. Er verstand genau, wie anders es gewesen war und doch auch ziemlich normal.

»Aber du?«, fragte der Sandwolf. »Warst du auch anders?«

»Ja und nein und nein und ja«, sagte Zackarina. »Und mehr sage ich nicht, denn jetzt bist du dran.«

»Wie, jetzt bin ich dran?«, fragte der Sandwolf.

Zackarina legte sich mit dem Bauch flach auf die Klippe. Die war sonnenwarm und hart und grau. Zackarina schaute auf das Meer hinaus.

»Stell dir ein Kaninchen vor«, sagte sie. »Und das soll möglichst grün sein.«

Und der Sandwolf stellte es sich vor.

Fein fürs Fest

Heute Abend wollten sie auf ein Fest gehen, Zackarina und Mama und Papa. Eine Tante Klara hatte Geburtstag und wurde fast hundert Jahre alt.

Zackarina hatte sie nie getroffen, aber Papa sagte, dass Tante Klara eine sehr nette und liebenswerte alte Dame sei.

»Ich werde mein Kleid anziehen«, sagte Mama. »Das rote, ihr wisst schon.«

»Dein schönstes?«, fragte Zackarina. »Ziehst du auch deine goldenen Ohrringe an?«

Mama nickte.

Sie saßen draußen auf der Treppe und tranken Himbeersaft und aßen Kekse. Der Wind war warm und die Fliegen surrten schläfrig um die Saftgläser herum.

»Und ich ziehe meinen Anzug an und den hellgrauen Schlips«, sagte Papa.

Nun verstand Zackarina, dass es ein sehr feines Fest werden würde. Ansonsten trug ihr Papa fast nie einen Schlips.

»Jetzt weiß ich es«, sagte Zackarina. »Ich weiß genau, was ich anziehen werde!«

Sie lief die Treppe hoch in ihr Zimmer und holte ihre blauen Kleider hervor. Das waren eine knallblaue Gymnastikhose und ein ebenso blaues T-Shirt und ein dunkelblauer Umhang. Der Umhang war das Beste. Der Stoff war dünn und glänzte und Oma hatte ihn genäht.

Zackarina zog ihre blauen Kleider an und rannte nach unten. Sie drehte sich ein paarmal um sich selbst, sodass der Mantel richtig wehte.

»Tatarataaah«, sagte sie und breitete die Arme aus.

Papa und Mama sahen sie an. Dann sahen sie auch sich an – aber nur ganz kurz.

»Deine blauen Sachen?«, fragte Papa.

»Nein, Zackarina, nicht die. Zieh ein Kleid an«, sagte Mama. »Dein weißes, das mit den Spitzen. Das ist doch sehr schön.«

Der Umhang fiel über Zackarinas Schultern zusammen. Sie nahm einen Keks und biss ein kleines, kleines Stückchen davon ab. Sie wollte auch Saft trinken, aber es schwamm eine Fliege im Glas.

»Ich mag das weiße Kleid nicht«, sagte sie. »Es ist unbequem.«

Und dann legte sie den Keks auf den Tisch und ging ihres Wegs hinunter zum Strand.

Als sie ungefähr in der Mitte des Pfades angekommen war, sah sie eine Rosette – eine rosa Rosette mit flatterndem Band, die in einem Busch festhing.

Zackarina machte sie vorsichtig los und nahm die Rosette mit zum Strand. Dort schaute sie sich um und entdeckte fast sofort den Sandwolf. Obwohl sie nur seine Ohren sah. Die lugten hinter dem großen Stein hervor und sie sahen ungewöhnlich gespitzt und frisch geputzt aus.

»Sieh, was ich gefunden habe!«, rief Zackarina. »Ich habe eine ... eine ...«

Ja, sie wollte eigentlich »eine Rosette« sagen, aber das Wort blieb ihr im Halse stecken. Denn nun sah sie den ganzen Sandwolf. Er war auf den großen Stein gesprungen, und dort stand er jetzt – in einem hellrosa Ballerinaröckchen.

»Oh, was für ein Glück«, sagte er. »Meine Rosette! Ich habe sie überall gesucht!«

Er hüpfte von dem Stein herunter und trippelte auf Zackarina zu. Der Rock wippte und wehte, und in seinem Fell glitzerten und glänzten kleine silberne Pailletten. Er nahm die Rosette und steckte sie sich hinters Ohr.

»Hübsch, nicht wahr?«, sagte er und lächelte mit all seinen weißscharfen Zähnen.

Zackarina wusste nicht so recht, was sie sagen sollte.

»Äh ... Kleider?«, sagte sie. »Also, ich habe nicht gedacht, dass du ... Kleider magst.«

Der Sandwolf sah sie erstaunt an.

»Aber das sind doch keine gewöhnlichen Kleider«, sagte er.

»Nein ... nein, keine gewöhnlichen«, sagte Zackarina.

»Na eben«, sagte der Sandwolf. »Dies hier sind meine ballerinafeinen Festkleider.«

Er bauschte seinen Rock auf und erzählte, dass heute der Große-Haufen-Tag sei. Das sei für die

Ameisen ungefähr wie Weihnachten. An diesem Tag stießen auf der ganzen Welt die Ameisen mit Honigtau an und wünschten einander einen großen und stattlichen Haufen.

»Und ich werde immer eingeladen«, sagte der Sandwolf. »Denn ich bin Ehrenameise.«

Er schwenkte den Rock und strahlte vor Glück, in Rosentüll und Silber.

»Darf man bei diesem Fest anhaben, was man will?«, fragte Zackarina.

»Um Himmels willen! Natürlich nicht«, sagte der Sandwolf. »Die Ameisen haben strikte Kleiderregeln.«

Und dann fing er an, sie aufzuzählen. Man durfte nicht in Blaumeisenblau oder Hackspechtsrot gekleidet sein oder eine Bärenfellmütze aufhaben. Gestreifte T-Shirts waren auch verboten, denn vor langer Zeit war einmal eine berühmte Königin in einem gestreiften T-Shirt hängen geblieben und für immer verschwunden.

»Deshalb bedeuten gestreifte T-Shirts Unglück in der Welt der Ameisen«, sagte der Sandwolf.

Zackarina fand, es klinge kompliziert mit den ganzen Ameisenkleiderregeln. Aber der Sandwolf meinte, sie seien einfach, wenn man sie kenne.

Und dann drehte er eine Pirouette und tanzte in seinen allerfeinsten Ballerinakleidern davon – im Spitzentanz war er bald zwischen den Fichten verschwunden.

Zackarina ging wieder heim. Der warme Wind spielte mit ihrem Umhang, der war dünn wie ein Spinnennetz und blau wie ein Gewitter.

Ich bin fein, dachte sie. Festfein.

Sie ging ins Haus. Mama und Papa waren in der Küche, fast fertig für das Fest. Mama fingerte an ihren Ohrringen herum und Papa versuchte sich den Schlips zu binden. Es roch nach Parfüm, und Papa sagte, man sollte eben besser eine Fliege haben.

Zackarina stellte sich mitten in die Küche, blau von Kopf bis Fuß.

»Also dieses Fest«, sagte sie. »Gibt es dafür irgendwelche Regeln oder so?«

»Tja, man soll artig und nett sein und so«, sagte Papa.

»Und man soll Spaß haben«, sagte Mama. »Das, glaube ich, findet Tante Klara am allerwichtigsten – dass alle froh sind.«

»Gut«, sagte Zackarina. »Wenn das so ist, muss ich meine blauen Kleider anbehalten.«

»Musst du?«, fragte Mama.

»Ja, denn sonst werde ich niemals im Leben froh«, sagte Zackarina. »Auf jeden Fall nicht auf diesem Fest.«

Und nach einigem Hin und Her und Gerede über Kleider und Schlipse und Fliegen geschah es, wie Zackarina es wollte. Später am Abend gab sie Tante Klara in ihren frisch gebügelten blauen Kleidern die Hand und knickste und gratulierte ihr zum Geburtstag.

Tante Klara sah Zackarina mit ihren fast hundertjährigen Augen lange an.

»Wie fein du bist, Zackarina«, sagte sie. »Du bist ja ganz entzückend festfein.«

Allein zu Haus

Zackarina saß in der Küche und legte ein Puzzle. Es war ein ziemlich schwieriges Puzzle und es stellte ein Schloss dar. Bisher hatte sie noch nie das ganze Puzzle geschafft, aber jetzt fehlten nur noch einige Teile – da oben am Turm und am Dach.

Mitten im Puzzeln kam ihr Papa mit den Autoschlüsseln in der Hand in die Küche.

»Wir müssen einkaufen fahren«, sagte er. »Zieh dir die Schuhe an, dann fahren wir.«

Zackarina sah vom Puzzle auf, aber nur einen Augenblick.

»Jetzt nicht«, sagte sie. »Ich will nicht.«

»Aber das Geschäft macht bald zu«, sagte Papa. »Wir müssen jetzt fahren.«

»Dann fahr halt allein«, sagte Zackarina. »Denn ich werde nicht mitkommen.«

Sie drückte ein Puzzleteil am Dach des Turmes fest. Es passte genau. Papa sah auf die Uhr.

»Bist du dir sicher?«, fragte er. »Bist du dir sicher, dass du allein zu Hause bleiben willst?«

»Aber ja doch!«, sagte Zackarina. »Hab ich doch gesagt!«

Papa klapperte mit den Autoschlüsseln. Schaute noch einmal auf die Uhr.

»Ich bin ja nur kurz weg«, sagte er. »Aber glaubst du wirklich ...?«

»Aber ja, tschü-üüs«, sagte Zackarina.

Und dann ging Papa, rief: »Machs gut«, und schloss die Tür.

Er startete das Auto und fuhr los.

Und dann wurde es still.

Zackarina merkte es sofort. Merkte, dass es so komisch still wurde. Still und leer auf eine Art, die sie nicht kannte. Und da fiel ihr ein, dass es das erste Mal war. Das erste Mal, dass sie ganz allein in einem ganz leeren Haus war.

Nur für eine kleine Weile, dachte sie. Denn er kommt gleich zurück.

Aber es war schwer, nicht daran zu denken. Nicht daran zu denken, wie unglaublich leer das

Haus war. Die Küche war plötzlich ganz anders. Es war, als wäre es eine ganz fremde Küche, und sogar die Laute waren fremd. Der Wasserhahn, der tropfte. Der Kühlschrank, der summte und brummte.

Und der Herd! Der Herd starrte sie an mit seinen schwarzen Knöpfen, riss sein viereckiges Maul auf.

Zackarina nahm ein neues Puzzleteil in die Hand. Drehte und wendete es.

Und der Wasserhahn tropfte.

Und der Kühlschrank brummte.

Und die Treppe knarrte ...

Und da – da rannte Zackarina. Sie rannte vom Puzzle weg, aus der Küche und dem Haus hinaus und rannte und rannte, so schnell ihre Beine sie tragen konnten, fast bis hinunter zum Strand. Bei den Wacholdersträuchern hielt sie an, drehte sich um und sah zum Haus hinauf.

Dachte an den Herd. Hatte der schon immer so gestarrt und sein Maul aufgerissen?

Dann ging sie bis zur glatten Klippe und ganz weit draußen saß der Sandwolf. Zackarina setzte sich dicht neben ihn. Er war kratzig weich und in seinem Wüstenfell glitzerte es golden. Sie saßen eine Weile still da und sahen auf das Meer hinaus.

»Ich bin heute allein zu Hause«, sagte Zackarina. »Aber nur für kurze Zeit.«

Der Sandwolf warf ihr einen blauen Blick zu und fragte, wie sie diese kurze Zeit finde. War es eine unglaublich gute kurze Zeit oder eine unglaublich schlechte?

»Ich weiß nicht genau«, sagte Zackarina. »Irgendwas dazwischen.«

Sie strich mit der Hand über des Sandwolfs raschelndes Fell.

»Ich wünschte, dass ich groß wäre«, sagte sie.

»Groß? Wieso?«, fragte der Sandwolf.

»Weil die, die groß sind, wohl nicht so viel denken«, sagte Zackarina. »Sie denken wohl nicht an Herde, die das Maul aufreißen und so, wenn sie allein sind.«

»Machen sie nicht?«, fragte der Sandwolf. »Denken sie nichts in der Einsamkeit?«

»Nein, ihnen ist es wohl egal, wenn der Kühlschrank komisch klingt«, sagte Zackarina.

Der Sandwolf spitzte die Ohren und sagte: »Wie

meinst du das? Wie klingt der Kühlschrank komisch?«

Zackarina machte die Kühlschranklaute nach, das Summen und Brummen. Und den Wasserhahn ... tropf, tropf, tropf ... Und die Treppe, die knarrte und knackte. Der Sandwolf hörte genau zu. Dann nickte er mit dem Kopf und fing an, mit seinem Raschelschwanz den Takt zu schlagen.

»Trippe ... tropftropf ... knarre ... knirrknarr ... tropf ... trippetra ...«

Zackarina hörte den Takt und fing an, ihn mitzuklatschen. Sie knirrten und klapperten und entschieden, dass das Ganze »Das knirrige Knarrlied des einsamen Hauses« heißen sollte.

Allerdings fand Zackarina es schade, dass sie nicht genauso rascheln konnte wie der Sandwolf.

»Oder?«, sagte sie. »Du hast nicht zufällig irgendwo eine kleine Büchse?«

Zum Glück hatte der Sandwolf genau so eine – eine kleine, rote Blechbüchse, in der Bonbons gewesen waren. Er kramte sie hervor und gab sie Zackarina. Sie fuhr mit den Händen an seinem goldgelben Wüstenfell entlang und füllte die kleine

Büchse mit Sand. Dann schloss sie den Deckel und schüttelte die Büchse.

»Oh, wie schön!«, seufzte der Sandwolf. »Welch liebliche Musik! Oh, spiel mehr!«

Aber Zackarina wollte nicht. Sie wollte nach Hause gehen und ihr Puzzle fertig legen.

Und so ging sie. Den Pfad hinauf, näher und näher zu dem leeren Haus.

Ich werde den Herd nicht angucken, dachte sie. Ich kümmere mich einfach nicht um ihn.

Als sie in die Küche kam, schaute sie nur direkt auf den Tisch und das Puzzle. Die Raschelbüchse hielt sie fest in der Hand und sie war fast genauso warm wie ein Sandwolf.

Der Kühlschrank brummte, der Wasserhahn tropfte einen Tropfen.

Aber da schüttelte Zackarina ihre sandraschelnde Büchse und sang – laut wie eine Opernsängerin. Sie sang »trallala« und »jabbadiduu« und legte das allerletzte Puzzleteil an seinen Platz.

Als Papa mit den Einkaufstaschen nach Hause kam, fragte er, ob alles gut gegangen sei.

»Ja, halbgut«, sagte Zackarina. »Aber es war sehr anstrengend, zu singen.«

»Singen?«, fragte Papa. »Ich dachte, du wolltest ein Puzzle legen.«

»Ja, aber ich habe auch gesungen«, sagte Zackarina. »So!«

Und dann sang sie ein langes und sandraschelndes Lied, das »Aber nächstes Mal hängen wir eine Decke über den Herd« hieß. Und unten auf der Klippe am Meer schlug der Sandwolf mit seinem schwingenden Schwanz den Takt dazu.

Die Beerdigung

Eines Tages ereignete sich eine traurige Sache. Es geschah mitten beim Abendessen, kurz vor dem Nachtisch. Papa wollte gerade den Apfelkuchen anschneiden, als etwas gegen das Fenster schlug.

»Hilfe! Was für ein Knall!«, sagte Zackarina.

»O nein, das war ein Vogel«, sagte Mama.

»Oje, er ist gegen die Scheibe geflogen«, sagte Papa.

Sie ließen den Apfelkuchen stehen und gingen alle drei hinaus, um nachzusehen, ob der Vogel unverletzt war. Aber das war er nicht. Er war tot. Papa sagte, er habe sich den Nacken gebrochen.

»Es ist eine Amsel«, sagte er.

»Oh, wie schade«, sagte Mama. »Die singen so schön.«

Zackarina hockte sich hin und sah den Vogel

an. Er lag mit ausgebreiteten Flügeln auf dem Rücken im grünen Gras, wie ein kohlrabenschwarzer Engel. Die Augen waren offen, aber es war nicht das allerkleinste Fünkchen Leben in ihnen.

»Was sollen wir mit ihm machen?«, fragte Mama. »Er kann doch hier nicht liegen bleiben.«

Zackarina stand auf.

»Nein, ich werde ihn begraben«, sagte sie. »Damit er ein eigenes Grab bekommt, unten am Strand.«

Mama suchte einen Schuhkarton in der richtigen Größe hervor, in den sie den Vogel legten. Und Papa holte einen kleinen Spaten, mit dem man gut graben konnte. Dann nahm Zackarina die Schachtel und den Spaten und ging zum Strand hinunter.

Sie ging mit langsamen Schritten und trug die Schachtel in beiden Händen vor sich her.

Es fühlte sich feierlich an, den Pfad hinunterzugehen, allein mit einem toten Vogel. Allerdings nicht ganz allein. Direkt neben ihr glitt ein goldener Schatten, leise wie ein wehender Windhauch. Es war der Sandwolf, und Zackarina verstand, dass er bereits wusste, dass die Amsel gegen die Scheibe geflogen war. Das hörte man am Rascheln.

»Bist du jetzt traurig?«, fragte Zackarina.

Der Schatten an ihrer Seite schimmerte und sagte, dass dem Tod fast immer die Trauer folgte. Sie gingen Hand in Hand, wie Bruder und Schwester. Zackarina verstand, was er meinte, und dachte, dass in diesem Fall die Trauer die Schwester war.

»Hier«, sagte sie. »Hier werde ich ihn begraben.«

Sie setzte die Schachtel bei einem schönen, kleinen Wacholderstrauch ab. Auf dem Boden wuchsen kurzes, weiches Gras und kleine, weiße Blumen, die wie Sterne aussahen. Der Sandwolf tapste umher und glitzerte Gold und machte den Strauch noch ein wenig hübscher.

Zackarina nahm den Spaten und fing zu graben an. Der Boden war ziemlich hart, sie musste alle ihre Kräfte aufwenden. Sie grub und hackte mit dem Spaten, bis es in den Armen und im Rücken wehtat.

»Jetzt muss ich mich ausruhen«, sagte sie. »Das ist ja anstrengend.«

»Ja, ein Grab zu graben ist wirklich keine leichte Arbeit«, sagte der Sandwolf.

Zackarina zog die Schachtel mit dem Vogel näher zu sich heran. Da lag er mit seinen stattlichen, glänzenden Federn. Er sah fast aus, als ob er lebe, und tat es doch nicht.

Sie nahm einen Stock vom Boden auf und berührte damit den gelben Schnabel, spielte ein bisschen herum, bis sich der Schnabel öffnete. Dort drinnen war eine Zunge – eine sehr kleine Zunge.

Aber keine Zähne, dachte Zackarina.

Sie sah in das Loch hinunter und entdeckte einen Regenwurm, dünn wie ein Faden. Sie versuchte ihn zu erwischen, aber er schlängelte sich davon. Sie fühlte die Erde im Loch an. Sie war kalt und feucht.

»Muss man ihn wirklich begraben?«, fragte sie.

»Nein, müssen muss man nicht«, sagte der Sandwolf.

Zackarina überlegte und sah hinauf in den Himmel und zu den Bäumen. Überall zwitscherten und flogen die anderen kleinen Vögel – alle, die noch lebten.

»Kann man ihn nicht stattdessen in einen Baum hängen?«, fragte sie. »Dann ist er nicht einsam und hat es nicht so dunkel.«

»Ja, aber der Vogel merkt nicht, dass es dunkel ist«, sagte der Sandwolf. »Nicht jetzt, wo er tot ist.«

»Oder ein kleines Boot bauen?«, sagte Zackarina. »Mit einem Segel, und es aufs Meer setzen?«

Sie stellte sich die Amsel in dem kleinen Boot vor – wie sie segeln und schaukeln würde, fort und hinweg auf dem blauen, blauen Meer. Das erschien ihr doch viel schöner als in einer Grube begraben zu werden. Aber dann dachte sie an die Stürme. Wenn es nun ein Unwetter auf dem Meer gab und das Boot kenterte und unterging!

»Und dann ertrinkt sie vielleicht«, sagte sie. »Denn Amseln können doch nicht schwimmen, oder?«

»Nein, vor allem die toten nicht«, sagte der Sandwolf.

»Ach ja, genau«, sagte Zackarina. »Oh, wie dumm!«

»Dass sie nicht ertrinken kann?«, fragte der Sandwolf.

»Nein! Dumm, dass sie nicht sagen kann, wie sie es haben möchte«, sagte Zackarina. »Mit der Beerdigung.«

Der Sandwolf nickte und sagte, dass dies ein Problem sei mit den Toten – dass es so schwierig sei, sie zu fragen.

»Vielleicht ist es ihr egal«, sagte Zackarina.

»Das ist sehr gut möglich«, sagte der Sandwolf.

Zackarina schaute den Vogel an. War es so? War es so, dass ihm die ganze Beerdigung egal war? Dass es ihn überhaupt nicht kümmerte?

»Aber dann bestimme ja nur ich«, sagte sie.

»Ja, so ist es wohl«, sagte der Sandwolf.

Zackarina machte ein paar Purzelbäume, um ihre Gedanken ein bisschen besser zu ordnen. Was sollte sie mit der Amsel machen? In die Erde oder auf einen Baum? Oder in einem Boot aufs Meer? Oder in den Gefrierschrank, zu Hause in der Küche? In einer schönen Tüte mit Blumen, dachte sie. Eine Tiefkühlbeerdigung – oder umgekehrt: ein Feuer! Eine Vogelfeuerbestattung!

Aber dann brauche ich Hilfe, dachte sie. Mit den Streichhölzern.

Es war nicht so leicht, sich zu entscheiden. Aber

nach sieben Purzelbäumen wusste sie schließlich, wie sie es haben wollte, und es wurde ein Grab in der Erde.

»Denn dann kann ich mich darum kümmern«, sagte sie. »Blumen pflanzen und so, und dasitzen und manchmal weinen.«

Der Sandwolf meinte, das sei eine gute Entscheidung, und bald war das Grab fertig – mit Grabstein, Kränzen und Blumen. Unten in der Erde lag

die Amsel auf einem Bett von weißen Schneckenhäuschen und unter einer Decke von Rosenblättern.

»Damit sie keinen Dreck in die Augen bekommt«, sagte Zackarina.

Mama und Papa kamen zur Beerdigung und sie hatten Apfelkuchen und Saft dabei. Zusammen sangen sie die allerschönsten Lieder, die sie kannten, sowohl die traurigen als auch die fröhlichen. Dann sprachen sie lange von Vögeln und Engeln, und alle drei fanden, dass es eine sehr geglückte Beerdigung gewesen war.

Bevor sie nach Hause gingen, streute Zackarina Apfelkuchenkrümel um das Grab herum.

Die Vögel brauchen sicherlich auch ein Fest, um sich zu trösten, dachte sie.

Und als der Mond aufging und Vögel und Menschen schliefen, hielt der Sandwolf Wache und blickte auf das Meer hinaus. Neben ihm saß Schwester Trauer und zusammen entzündeten sie die klaren Sterne des Trostes.

Farben denken

Zackarina erwachte von einem Sommerregen, der gegen das Fenster prasselte, und von einem Gewitter, das leise vor sich hinrumorte. Sie setzte sich im Bett auf. Es war mitten in der Nacht und fast ganz dunkel im Zimmer. Die Wände waren dunkelgrau und die Decke schwarz.

Komisch, dachte sie. Das stimmt doch nicht.

Und so legte sie sich wieder hin und schlief ein.

Das nächste Mal, als sie aufwachte, war es Morgen. Die Sonne schien durchs Fenster. Die Wände waren weiß und die Decke rot. Sie zog sich an und ging in die Küche hinunter. Mama war schon zur Arbeit gefahren und Papa hatte gerade den Haferbrei auf den Tisch gestellt. Er erzählte ein bisschen von diesem und jenem, aber Zackarina hörte kaum zu.

»Was ist los mit dir?«, fragte Papa. »Bist du noch müde?«

»Schhh, ich denke«, sagte Zackarina.

Sie stand vom Tisch auf und ging in die Diele. Dort zog sie ihre roten Stiefel an, kletterte in die Kleiderkammer und schloss die Tür. Papa hörte, wie sie dort drinnen das Licht an- und ausmachte. Erst langsam, dann immer schneller.

»Aber Zackarina!«, rief er. »Spiel nicht mit der Lampe.«

Zackarina kam aus dem Kleiderschrank heraus.

»Ich spiele nicht«, sagte sie. »Ich experimentiere.«

Und dann ging sie hinaus.

Das nächtliche Unwetter war verschwunden und die Sonne schien hell. Aber am Strand war es immer noch gewittrig, denn dort donnerte der Sandwolf mit krachenden Sprüngen umher. Er hatte die ganze Nacht Wildwetter gejagt und war nun explovoll von stürmischen Blitzen.

»Hallo! Halt an! Ich muss mit dir reden!«, rief Zackarina.

Der Sandwolf bremste ab, so scharf er konnte, und hielt vor Zackarina an.

»Ja, reden!«, sagte er. »Wir könnten vielleicht über Gewitter reden?«

»Nein, wir müssen über Farben reden.«

»Aha, blau reden! Blau ist gut«, sagte der Sandwolf. »Besonders Regenblau.«

»Aber meine Decke ist nicht blau, sie ist rot«, sagte Zackarina.

»Rot ist auch lecker«, sagte der Sandwolf.

»Aber heute Nacht war sie schwarz«, sagte Zackarina.

Der Sandwolf rümpfte die Nase und sagte, dass er lieber Blau als Schwarz esse.

»Denn von Schwarz werde ich nie richtig satt«, sagte er.

Zackarina seufzte. Der Sandwolf schien von dem Sturm ganz wirr geworden zu sein. Sie hielt sein Ohr fest und sprach sehr deutlich.

»Meine Decke ist am Tag rot«, sagte sie. »Aber ist sie in der Nacht genauso rot?«

Der Sandwolf riss die Augen auf.

»Aha! So meinst du das«, sagte er. »Du fragst dich, wohin die Farben nachts verschwinden.«

»Nicht nur in der Nacht«, sagte Zackarina. »Es ist das Gleiche in der Kleiderkammer.«

Und so erzählte sie von ihrem Experiment.

»Wenn man in der Kleiderkammer steht und das Licht an ist«, sagte sie, »dann sind die Stiefel die ganze Zeit rot. Aber dann macht man das Licht aus und dann wird es dunkel. Die Stiefel sind noch an den Füßen, das spürt man ja. Aber sind sie auch noch rot? Genauso rot wie vorher, als die Lampe an war?«

Der Sandwolf sagte sehr bestimmt, dass es in der Dunkelheit keine roten Stiefel gebe.

»Aber welche Farbe haben sie dann?«, fragte Zackarina. »Wenn sie nicht rot sind?«

»Im Dunkeln haben sie keine Farbe«, sagte der Sandwolf. »Denn die Farben gibt es nur im Licht.«

Mit den Tatzen ergriff er ein Bündel leuchtender Sonnenstrahlen und schwang sie so, dass sie in Wellen verliefen. Zackarina sah nicht richtig, wie er das machte, aber sie sah die Farben. Sie sah Rot und Grün und Blau, und die Farben mischten sich und wurden zu allen möglichen Farben, die man sich nur denken konnte.

»Das Licht ist wie ein Meer«, sagte der Sandwolf. »Und die Farben sind Wellen in dem Meer des Lichts.«

Er ließ die sonnenstrahligen Lichtwellen los, die sich blitzschnell wieder hinaus in das Lichtmeer warfen. Sie bogen sich und trafen auf alles, was sich im Licht befand.

»Die Lichtwellen«, sagte der Sandwolf, »stoßen mit allem zusammen, was sich in ihrem Weg befindet.«

Zackarina sah auf ihre rot gestiefelten Füße hinunter.

»Meinst du gerade jetzt?«, fragte sie.

»Natürlich«, sagte der Sandwolf. »Gerade jetzt stoßen die Lichtwellen auf deine Stiefel und ein kleiner Teil der Wellen spritzt hinauf in deine Augen.«

Zackarina blinzelte.

»Und dann siehst du Rot«, sagte der Sandwolf. »Obwohl ein Eichhörnchen wohl sagen würde, dass deine Stiefel grau sind, und ein Schmetterling – tja, würde vielleicht sagen fliederlila.«

»Lila? Aber sie sind doch rot?«, sagte Zackarina. »Im Licht zumindest.«

Aber der Sandwolf sagte, dass Sachen eigentlich keine bestimmten Farben hätten. Farben seien etwas, das vor allem in den Augen und im Kopf

existiere. Die Farbe der Stiefel sei ganz einfach unterschiedlich in unterschiedlichen Augen.

»Und dann hängt es ja von der Farbe des Lichts ab«, sagte er. »Denn wenn die Sonne blau scheint, so würdest du meinen, dass deine Stiefel ... dass sie ...«

Er verstummte und spähte aufs Meer hinaus, trippelte mit den Tatzen und sprang.

»Warte, sag doch. Wenn die Sonne blau scheint, was ist dann? Welche Farbe haben dann meine Stiefel?«, fragte Zackarina.

Aber der Sandwolf war schon unterwegs. Mit riesigen Sprüngen schoss er über das Meer hinweg. Da im Osten hatte er nämlich ein kleines violettes Gewitter entdeckt, weich wie eine Sahnetorte und gespickt mit knappergelben Knallblitzen.

Als Zackarina nach Hause kam, war Papa draußen. Er hatte alle Bettdecken und Kissen zum Lüften herausgetragen – und auch alle Sofakissen und Decken und Laken.

»Gibt es Lampen, die blau leuchten?«, fragte Zackarina.

»Tja, die gibt es«, sagte Papa.

»Gut«, sagte Zackarina. »Denn dann will ich eine solche haben.«

»Eine blaue Lampe? Warum?«, fragte Papa.

»Für ein Experiment«, sagte Zackarina. »Das ich in der Kleiderkammer machen will.«

Und dann drückte sie ihre weiche Decke an sich –

so leuchtend rot – auf jeden Fall gerade jetzt und wie Zackarina sie sah.

»Rot ist gut«, sagte sie. »Das schmeckt wie Erdbeeren in meinen Augen.«

Richtig und gerecht

Zackarina und der Sandwolf spielten Fußball unten am Strand. Sie machten ein richtiges Spiel, und es war ganz klar, wer dabei war, es zu gewinnen.

»Jaaa! Toooor!«, heulte der Sandwolf. »In die Vollen! Boah!«

Er warf sich auf den Rücken und zappelte mit den Pfoten. Das war sein siebtes Tor, und er hatte jedesmal das Gleiche gemacht – sich auf den Rücken geworfen, mit den Pfoten gezappelt und vor Glück aufgeheult.

Aber Zackarina war überhaupt nicht glücklich. Sie hatte nur zwei Tore geschossen.

»Du hast gewonnen«, sagte sie.

»Wie? Habe ich gewonnen?«, fragte der Sandwolf froh.

Er stand auf und streckte sich stolz, und Zackarina dachte, dass es ungerecht sei mit vier Beinen beim Fußball.

Es war wohl keine Kunst, zu gewinnen, wenn man mit vier Füßen schießen konnte.

Sie warf den Ball mitten auf den Strand und schoss ihn davon und sie schoss hart. Der Ball sauste wie eine Kanonenkugel quer über den Strand und genau in die stacheligen Wacholdersträucher.

»Du holst ihn«, sagte Zackarina. »Denn ich schaffs nicht.«

»Aber hallo, du hast ihn doch dorthin befördert«, sagte der Sandwolf.

»Ja, aber du bist näher dran«, sagte Zackarina und ging schnell ein paar Schritte zurück.

Der Sandwolf, der dies sah, rümpfte die Nase. Zackarina streckte die Hand aus und strich ihm über den Rücken.

»Und dann bist du doch auch so nett«, sagte sie. »Oder? Du bist doch supernett.«

Die Miene des Sandwolfs hellte sich auf. Nett? Natürlich! Er war wohl der Netteste im ganzen Universum!

»Klar hole ich den Ball«, sagte er. »Das kann ich in drei Sekunden machen!«

Und so lief er den Strand hinauf, warf sich in die Sträucher und war verschwunden. Zackarina setzte sich hin und wartete. Ja, sie wartete viel länger als drei Sekunden, aber weder der Sandwolf noch der Fußball erschienen. Schließlich stand sie auf und ging ebenso wie der Sandwolf – in die Sträucher hinein.

Die Sonne brannte dort drinnen. Es war ruhig und still. Das Meer und die Wellen hörte man nur schwach, leise wie ein Flüstern. Der Boden unter Zackarina war trocken und warm. Sie arbeitete sich weiter durch die Sträucher, ein Schritt nach dem anderen. Vorsichtig bog sie einen buschigen Zweig zur Seite und da war er. Lag sandplatt auf dem Bauch, bereit zum Sprung, glitzernd goldscharf und mit spitzblauem Blick.

»Die sind ja ganz unglaublich«, murmelte er. »Ganz phantastisch ...«

Zackarina verstand sofort, was er meinte.

Walderdbeeren! Es wuchsen Walderdbeeren auf dem Boden zwischen den Sträuchern und das waren wirklich keine gewöhnlichen kleinen Walderdbeeren. Das waren die größten, die rotesten, die leckersten Walderdbeeren, die Zackarina jemals gesehen hatte. Sie sahen so saftig aus und glänzten, dass es um sie herum leuchtete. Und sie roch den Duft, konnte sie fast schmecken.

Oh, was für Walderdbeeren!

»Nur noch ein paar Minuten«, murmelte der Sandwolf. »Nur noch ein kleines, kleines bisschen mehr Sonne und sie sind perfekt ...«

Zackarina zählte die Walderdbeeren, leise und schnell und mit hungrigen Augen. Es waren nicht viele, nur zehn Stück. Sie zählte noch einmal, und jetzt mit den Fingern und sehr genau. Dann trat sie hervor und stellte sich vor den Sandwolf.

»Das sind für jeden fünf Stück«, sagte sie mit lauter Stimme. »Oder wie?«

Der Sandwolf schaute auf und blinzelte.

»Wie? Oder ... aha«, sagte er. »Ich meine ... ach ja ... hallo ... bist du hier?«

»Ja, denn man soll doch teilen, mit anderen teilen«, sagte Zackarina.

Der Sandwolf setzte sich auf und rieb sich an der Nase.

»Ach so, sollen wir teilen?«, sagte er. »Fünf für mich und fünf für dich?«

»Ja, dann ist es doch gerecht«, sagte Zackarina.

»Aber ich habe sie gefunden«, sagte der Sandwolf. »Da sind es wohl gerechterweise alle meine.«

»Aber ich habe den Ball geschossen«, sagte Zackarina. »Ohne mich wärst du nicht hierhergegangen und hättest sie nicht gefunden, deswegen sind es vor allem meine.«

»Aber ich bin der Süßeste«, sagte der Sandwolf.

Er spitzte das Maul und sah so goldig aus, wie er konnte, aber Zackarina lachte nur. Der Süßeste? Was hatte das mit der Sache zu tun? Warum sollte der Süßeste die meisten Walderdbeeren bekommen?

»Und der Netteste?«, fragte der Sandwolf. »Denn nett ist am besten, dann soll der Netteste am meisten haben – das klingt doch gerecht und gut?«

Nun wusste Zackarina nicht mehr, was sie sagen sollte, aber glücklicherweise brauchte sie nicht zu antworten. Denn genau da hüpfte ein kleiner, grauer Vogel von einem Strauch herunter, schnappte sich eine Walderdbeere und flog davon. Bald darauf waren viele hohe Vogelstimmen zu hören. Zackarina verstand, dass dort Vogeljunge in einem Nest piepten.

Sie seufzte.

Vielleicht sollten die Vögel die Walderdbeeren bekommen. Es war ja schließlich deren Essen. Sie konnte jederzeit nach Hause gehen und Butterbrote essen, wenn sie hungrig war.

»Wie kompliziert alles geworden ist«, sagte sie.

»Ja, das stimmt«, sagte der Sandwolf. »Als du gekommen bist und teilen wolltest.«

»Sonst hättest du alle allein aufgegessen«, sagte Zackarina.

»Nein, ich wollte alle zehn dir geben«, sagte der Sandwolf. »Als ersten Preis im Fußballmatch.«

»Aber du hast doch das Spiel gewonnen«, sagte Zackarina.

Der Sandwolf nickte.

»Ja, genau«, sagte er. »Dann bekommst du doch den ersten Preis, oder?«

»Wieso?«, fragte Zackarina.

»Als Verlierer natürlich«, sagte der Sandwolf.

Zackarina sah den Sandwolf an. Versuchte er mit ihr zu scherzen? Aber das schien nicht so. Er sah nur wie gewöhnlich froh aus und überhaupt nicht scherzhaft.

»Eigentlich ist es umgekehrt«, sagte sie. »Derjenige, der gewinnt, bekommt den Preis.«

Die Augen des Sandwolfs wurden vor Erstaunen ganz rund. Das war das Komischste, was er seit Tagen gehört hatte. Sollte derjenige, der gewinnt, den besten ersten Preis bekommen?

»Ist das nicht sehr ungerecht?«, sagte er.

»Warum?«, fragte Zackarina.

»Ich bin doch sowieso froh, denn ich habe gewonnen«, sagte der Sandwolf. »Ich brauche also keinen Preis.«

Und so kam es, dass Zackarina alle Walderdbeeren erhielt. Sie pflückte acht, die sie auf einen Grashalm auffädelte, und ließ eine für die Vögel übrig.

Dann gingen die beiden auf die glatte Klippe hinaus und feierten mit phantastischen Beeren und strahlender Sonne.

»Es war doch schön, Fußball zu spielen?«, sagte Zackarina.

Der Sandwolf stimmte ihr zu und trotzdem sah er ein bisschen betrübt aus. Er blickte über das Meer und dachte daran, dass es unglaublich schwer war, beim Fußball vier Beine in Schach zu halten. Man stolperte fast unentwegt.

Sicherlich war es viel einfacher mit nur zwei Beinen, dachte er.

Fast ungerecht viel einfacher.

Kleine, starke Quarks

Zackarina war stark. Sie konnte eine ganze Tüte voller Kartoffeln und Weißkohl und Käse tragen, vom Auto bis zur Küche, und sie konnte fast ihre Mama hochheben.

»Nein, nein, lass mich los!«, schrie Mama. »Ich falle hin!«

Zackarina setzte ihre kleine, leichte Mama ab und rang stattdessen ihren schweren Papa auf den Boden nieder. Das alles geschah in weniger als einer halben Minute.

»Nein, nicht kitzeln«, piepste er und verkroch sich unter dem Küchentisch.

Da ging Zackarina zum Strand hinunter und hob ein paar Steine an. Sie hob einen an und einen zweiten und unter dem dritten bekam sie eine schwarzblanke Nase zu sehen. Sie ergriff die Nase und zog und zäh wie ein Teig aus glänzendem Gold glitt der Sandwolf aus dem Sand hervor.

»Stark«, sagte Zackarina. »Heute bin ich stark.«

Der Sandwolf rappelte sich auf und putzte sich.

»Ja, aber nicht so stark wie die Quarks«, sagte er.

»Wie stark sind die denn?«, fragte Zackarina.

»Am stärksten auf der ganzen Welt«, sagte der Sandwolf. »Die Quarks sind proppenvoll mit Kraft.«

Zackarina runzelte die Stirn. Quarks? Hatte sie noch nie gehört, aber sicherlich waren sie sehr groß. Mindestens genauso groß wie ein Elefant.

»Ach, Elefanten sind doch nicht so groß«, sagte der Sandwolf. »Nicht, wenn man sie mit einem Berg vergleicht.«

»Nein, aber im Vergleich zu mir«, sagte Zackarina. »Und wenn man sie mit einem Sandkorn vergleicht, denn ein Sandkorn ist wirklich klein.«

»Oder wirklich groß«, sagte der Sandwolf.

»Wie groß?«, fragte Zackarina. »Ein Sandkorn?«

»Ja, wenn man daran denkt, was alles in ihm Platz hat«, sagte der Sandwolf.

Vorsichtig hob er ein Sandkorn hoch, nur ein einziges, und legte es auf einen Stein.

»Stell dir ein Haus vor«, sagte er. »Ein Haus ist aus Backsteinen gebaut.«

»Ja, oder aus Holz«, sagte Zackarina. »Und Nägeln.«

»Genau«, sagte der Sandwolf. »Und Sandkörner sind aus Molekülen gebaut und die Moleküle sind aus Atomen gebaut.«

Er zeigte mit der Nase auf das Sandkorn und sagte, dass sich darin viele Millionen Atome befänden. Zackarina beugte sich vor und guckte. Millionen? In diesem winzig kleinen Sandkorn? Es war doch so klein, dass sie es kaum sehen konnte!

»Diese Atome«, sagte sie, »die sind ziemlich klein, oder?«

»Ja, aber auch recht groß«, sagte der Sandwolf. »Verglichen mit dem kleinen Kern des Atoms, in dem sich die Quarks befinden.«

»Die, die so stark sind?«, fragte Zackarina.

Der Sandwolf nickte. Er sagte, dass die Kraft zwischen den Quarks so extrem stark sei, dass sie nichts auf der Welt trennen könne.

»Diese Stärke will ich sehen«, sagte Zackarina.

Der Sandwolf überlegte. Die Quarks ansehen?

»Tja, da muss man in das Sandkorn springen und das ist ein ziemlich kniffeliger Sprung«, sagte er. »Man muss sehr lang und sehr kurz springen, in einem und demselben Satz. Man muss ganz einfach einen winzig kleinen Riesensprung machen.«

»Wir können es doch versuchen«, sagte Zackarina.

»Wenn du es wagst«, sagte der Sandwolf.

Und Zackarina wagte es. Sie kletterte auf den Rücken des Sandwolfs und hielt sich an seinem dicken Fell gut fest. Der Sandwolf gab Gas, indem er mit den Krallen scharrte und dem Schwanz wedelte. Dann spitzte er die Nase und machte diesen winzig kleinen Riesensprung – direkt in das Sandkorn hinein.

Es sauste und dröhnte und sie flogen wie ein Pfeil mitten in die wolkigen Moleküle.

Zackarina fühlte, wie sie eingeklemmt wurde. Sie wurde schwer wie Blei und leicht wie eine Feder, wieder und wieder. Aber dann verringerte der Sandwolf endlich die Geschwindigkeit.

»So, da wären wir«, sagte er. »Das ging ja richtig gut.«

Zackarina öffnete die Augen und sah sich um. Sie waren tief in dem Sandkorn und mitten in einem Atom. Alles war riesengroß und es gab weder oben noch unten. Es sah leer aus und dennoch war die Leere wirbelnd voll mit knisternder Kraft. Und mitten in alledem sah man einen kleinen Punkt – wie einen zitternden Stern.

Der Sandwolf glitt näher heran.

»Das ist der Kern«, sagte er. »Der kleine Kern des Atoms.«

Zackarina streckte die Hand aus und berührte vorsichtig den Kern. Es kitzelte in der Hand, und jetzt – jetzt sah sie die winzigen Teilchen.

Sie sah die Quarks. Sie lebten nicht, aber sie waren die ganze Zeit in Bewegung. Zwei und zwei tummelten sie umher, in dem eigenen und ewigen Tanz der starken Quarks.

»Sieh nur, sie umarmen sich!«, sagte Zackarina.

»Ja, sie halten fest zusammen«, sagte der Sandwolf. »Sie halten immer fest zusammen.«

Er sagte, die Quarks seien vielleicht das Allerkleinste auf der ganzen Erde und im ganzen Universum.

Trotzdem meinte Zackarina, noch etwas anderes

zu sehen, etwas, das noch kleiner war. Etwas, das kaum zu erkennen war und wie verschlungene Schnürsenkel aussah, und vielleicht hörte sie Musik.

Der Sandwolf zeigte in die andere Richtung. Weit weg, an der Außenkante des Atoms, schimmerte ein knisternder Nebel. Er sagte, das seien die Elektronen, die dort herumsausten. Die ganze Zeit rundherum und in einer wahnsinnigen Geschwindigkeit.

»Sie sind unglaublich schnell«, sagte er. »Fast so schnell wie ich.«

Und dann gab er Gas und Zackarina hielt sich fest und schloss die Augen – den ganzen Weg aus dem Sandkorn heraus, bis sie wieder auf den Strand plumpsten. Zackarina fand es schön, wieder in der gewohnten Umgebung zu sein, wo die Sonne schien und das Meer brauste.

»Ist alles aus Atomen gebaut?«, fragte sie.

»Aber ja«, sagte der Sandwolf. »Wirklich alles, was es gibt.«

»Sogar ich?«, fragte Zackarina.

»Sogar du«, sagte der Sandwolf.

Als Zackarina nach Hause kam, saßen Mama

und Papa draußen auf dem Gras und tranken Kaffee.

Zackarina kroch auf Mamas Schoß und umarmte sie, so fest sie konnte, und Mama umarmte sie auch.

»Versuch mich jetzt wegzuziehen«, sagte sie zu Papa.

Und Papa versuchte es, aber es ging überhaupt nicht. Denn je kräftiger er zog, umso fester umarmten sie sich und ließen nicht los. Dann sagte Zackarina, dass die beiden nun dran seien – dass nun Mama auf Papas Schoß sitzen solle.

»Was ist das für ein Spiel?«, fragte Mama.

»Es heißt ›Starke Quarks‹«, sagte Zackarina. »Haltet euch jetzt fest und macht auch die Augen zu.«

Mama und Papa waren nett und machten, was sie sagte. Sie umarmten sich und schlossen die Augen. Zackarina sah sie eine Weile lang an. Dann drehte sie ihnen den Rücken zu, gab Gas und lief los. Sie lief um die beiden herum, wieder und wieder, in einer wahnsinnigen Geschwindigkeit.

Es war wunderbar, starke Quarks zu sein, die nie einsam waren. Aber mindestens genauso wunderbar war es, ein einzelnes und blitzschnelles Elektron zu sein.

Zackarina übernachtet woanders

Auf einem strandigen Stein im Schein der Sonne stand der Sandwolf und wollte etwas Schönes sagen. Er und Zackarina hatten den ganzen Tag lang in den auslaufenden Wellen Seesterne gesucht, und er fand, dass es jetzt unbedingt Zeit für ein kleines Gedicht sei.

»Hör nun genau zu«, sagte der Sandwolf. »Denn morgen habe ich es vielleicht schon wieder vergessen.«

Zackarina versprach, genau zuzuhören, und der Sandwolf raschelte stolz sein Gedicht:

Manche Sterne sind für das Wasser gedacht.
Andere strahlen am Himmel der Nacht.

Zackarina applaudierte. Sie mochte das Gedicht,

vor allem fand sie, dass die Anzahl der Wörter stimmte.

»Ja, dreizehn Stück«, sagte der Sandwolf. »Und zwei, die sich reimen.«

»Apropos Nacht«, sagte Zackarina. »Wo schläfst du eigentlich in der Nacht?«

Der Sandwolf sagte, dass er gewöhnlicherweise dort schlief, wo er müde wurde, denn das war am einfachsten. Aber am liebsten wurde er in der Grotte müde, denn dort konnte man so gut schlafen. Natürlich konnte er auch im Wacholderstrauch schlafen, aber da war es ziemlich stachelig.

»Aber heute Nacht schlafe ich beim Kapitän.«

»Welcher Kapitän, wer ist das?«, fragte Zackarina.

»Och, das ist jemand, den ich halt kenne«, sagte der Sandwolf.

Und obwohl Zackarina sieben Seesterne gefunden hatte, war sie nicht richtig zufrieden, als sie nach Hause ging. Übernachten? Sie hatte noch nie in ihrem Leben bei jemand anderem übernachtet. Doch, bei Oma natürlich und bei ihren Kusinen. Aber das zählte nicht wirklich, denn da waren Mama und Papa dabei gewesen.

Ich will woanders übernachten, dachte sie. Und das werde ich auch.

Am Abend, als Mama und Papa sie zugedeckt und gute Nacht gesagt hatten, tat sie also nur so, als ob sie schliefe. In Wirklichkeit war sie hellwach und stand auf und zog sich wieder an. Sie nahm ihren allerkleinsten weichen Teddy mit, schlich aus dem Haus hinaus und lief den Pfad zum Strand hinunter.

Die Sonne war gerade untergegangen und der Himmel war rot. Der Sandwolf wollte eben losgehen, als Zackarina angerannt kam.

»Warte!«, rief sie. »Warte auf mich – ich will mitkommen!«

Der Sandwolf lächelte sein tausendweißes Lächeln.

»Dachte ich mir doch«, sagte er.

Zackarina kletterte auf seinen Rücken. Sie stopfte den kleinen Teddy unter den Pullover und schlang die Arme um den Hals des Sandwolfs. Dann ging es los, über das Meer hinweg in einem fliegenden Sprung.

Der Wind wehte stark, und sie musste den ganzen Weg lang die Augen schließen, bis der

Sandwolf die Geschwindigkeit senkte und landete. Bums! Zackarina öffnete die Augen.

»Ein Boot?«, fragte sie. »Ein Segelboot! Übernachten wir auf einem Boot?«

»Ja, auf einem Schiff«, sagte der Sandwolf. »Auf dem segelnden Schiff ›Stille Nacht‹.«

Es war dunkel geworden, aber auf dem Schiff leuchteten Laternen. Es schaukelte und knarrte und der Wind blies in die Segel. Am Ruder stand der Kapitän, schwarzbärtig und gut gelaunt.

»Guten Abend, Kapitän«, sagte der Sandwolf.

Der Kapitän nahm sie freundlich auf und hieß sie an Bord willkommen.

»Ich kann mir vorstellen, dass ihr müde seid«, sagte er. »Und das kleine Mädchen ist sicherlich auch hungrig.«

Zackarina nickte und wurde zu Zitronentee und Zwieback eingeladen. Eigentlich mochte sie keinen Zitronentee. Auf jeden Fall nicht, wenn sie zu Hause war. Aber hier auf der Stillen Nacht schmeckte der Zitronentee ganz anders und sogar gut.

Der Sandwolf und der Kapitän unterhielten sich über unterschiedliche Witterungen und Meere mit seltsamen Namen.

Zackarina schlürfte ihren Tee und fragte sich, wo die Betten waren.

Sie tippte den Sandwolf an.

»Wo sollen wir schlafen?«, flüsterte sie.

Der Kapitän hörte wohl ihr Geflüster, denn er stand auf und holte Seil und Tuch. Er wickelte und knotete und knotete, und bald hingen zwei Hängematten zwischen den Masten des Schiffes.

Zackarina und der Sandwolf kletterten hinauf und legten sich jeder in eine Hängematte. Zackarina bekam auch eine Decke und ein Kissen.

Sie zog die Decke bis zum Kinn hoch und dachte an ihren Papa und an ihre Mama.

»Dieses Meer, auf dem wir segeln«, fragte sie, »ist es das gleiche Meer wie bei mir zu Hause?«

»Alle Meere gehören zusammen«, sagte der Sandwolf. »Denn alle Meere haben dasselbe Wasser. Aber gerade hier heißt das Wasser Sternenmeer.«

Dann sprachen sie nicht mehr viel. An Bord der Stillen Nacht musste man nicht so viel reden. Das Schiff roch gut nach Holz und Teer. Die Hängematten schaukelten weich und schläfrig.

Der Sandwolf atmete ruhig und war eingeschlafen, aber Zackarina war immer noch wach.

Alles war wunderbar und gut, aber alles war auch sehr ungewohnt.

Ein bisschen zu ungewöhnlich, fand Zackarina. Sie fühlte sich auf einmal so einsam und unangenehm wach. Aber dann fühlte sie auch noch etwas anderes. Etwas Kleines und Klumpiges, das sie fast vergessen hatte, vergessen unter dem Pullover – den kleinen Teddy!

Zackarina zog den kleinen Teddy hervor und legte ihn an ihre Wange. Er war weich wie gewöhnlich und roch wie gewöhnlich. Und ohne dass sie es merkte, schlief Zackarina ein. Aber der Kapitän stand wach am Ruder und steuerte sein Schiff ruhig über das Sternenmeer.

Als der Sandwolf Zackarina weckte, war es fast Morgen und das Schiff lag genau vor dem Strand zu Hause. Der Sandwolf sagte, dass er ein Gedicht geträumt habe, es aber leider im Schlaf vergessen habe.

»Es reimte sich auf Wasser«, sagte er. »Und es fing an mit ›Manche Schiffe‹.«

Zackarina kletterte auf seinen Rücken. Sie bedankten sich beim Kapitän und verabschiedeten sich, und mit einem einzigen Sprung waren sie an Land. Zackarina lief schnell nach Hause und weckte ihre Mama und ihren Papa.

»Ratet, was ich heute Nacht gemacht habe?«, sagte sie. »Ich habe woanders übernachtet.«

Mama streckte sich und rieb sich die Augen und Papa gähnte.

»Woanders übernachtet?«, fragte er.

»Ja, in einer Hängematte«, sagte Zackarina. »Auf dem Schiff ›Stille Nacht‹ und wir sind auf dem Sternenmeer gesegelt.«

Papa lächelte und strich ihr über die Haare.

»Kleine Zackarina«, sagte er. »Das musst du geträumt haben.«

Zackarina schaute aus dem Fenster. Dort sah sie das Meer, und auf dem Meer ein Schiff mit weißen Segeln, das in der Ferne verschwand. Sie sagte nichts, dachte aber, dass wenn dies ein Traum gewesen war, sie ihn gerne wieder träumen wollte.

»Übrigens«, sagte sie, »haben wir Zitronentee zu Hause?«

B wie bereuen

Zackarina und ihre Mama standen an der Landstraße. Sie warteten auf den Bus, denn sie wollten in die Stadt fahren und einkaufen.

Aber gerade als der Bus in der Kurve auftauchte, drehte sich Zackarina um und sah zum Meer hinunter.

Die Lachmöwen lachten, die Sonne schien, das Wasser glitzerte. Sicher war der Sandwolf schon in vollem Gange dort unten am Strand. Sie erinnerte sich plötzlich, wie es das letzte Mal in der Stadt gewesen war. Überall war es proppenvoll gewesen und die Menschen waren ganz verschwitzt. Fast so, dass einem übel wurde.

Der Bus bremste.

»Übrigens, ich glaube, ich will nicht mit«, sagte Zackarina.

»Das musst du auch nicht«, sagte Mama. »Du kannst machen, was du willst.«

»Gut«, sagte Zackarina, »denn ich will doch lieber zu Hause bleiben.«

Und Mama sagte tschüs und gab ihr einen Kuss und stieg in den Bus ein. Die Tür schloss sich.

Zackarina schnüffelte in der Luft. Der Mamakuss hatte nach Parfüm gerochen. Hatte gut gerochen wie in einem feinen Kaufhaus, gut, wie wenn man in ein Café geht und Kuchen isst.

»Nein, warte! Ich will mit!«, rief sie.

Aber es war zu spät. Der Bus war schon angefahren und verschwand in einer Staubwolke.

Papa lag in der Hängematte und schlief, also ging sie zum Strand hinunter. Den ganzen Weg lang sehnte sie sich nach ihrer Mama. Es tat ihr fast weh im Herzen.

Sie dachte daran, wie wunderbar es gewesen wäre, im Bus zu sitzen. Gerade jetzt hätten sie sicherlich davon geredet, was sie alles Schönes in der Stadt machen wollten.

Stattdessen stand sie nun am Strand, und alles war genau so, wie sie es sich gedacht hatte. Der Sandwolf war in vollem Gange. Er sauste umher, schnell wie ein Zug, und sein Schwanz sah ungewöhnlich lang aus.

»Ich renne!«, hechelte er. »Ich versuche, meinem Schatten davonzulaufen!«

»Das geht wohl nicht«, sagte Zackarina.

Aber der Sandwolf, der die Geschwindigkeit nun etwas drosselte, sagte, dass es vielleicht gehe. Aber da müsse man natürlich sehr schnell rennen. Schnell wie ein Sonnenstrahl und noch ein bisschen schneller – eben schneller als das Licht. Dann hielt er an und schnupperte an Zackarina.

»Du riechst nach schlechter Laune«, sagte er.

»Mama ist in die Stadt gefahren«, sagte Zackarina. »Und das will ich auch.«

»Durftest du nicht mit?«, fragte der Sandwolf.

»Doch, ich durfte«, sagte Zackarina. »Und zuerst wollte ich auch, und dann habe ich meine Meinung geändert, und jetzt bereue ich, dass

ich meine Meinung geändert habe. Verstehst du?«

»Natürlich«, sagte der Sandwolf. »Es ist wirklich nicht leicht, sich richtig zu entscheiden.«

»Und wenn man sich falsch entschieden hat, will man es ändern.«

»Ausradieren«, sagte der Sandwolf.

»Ja, oder rückgangig machen«, sagte Zackarina. »Alles rückgängig machen, zurückspulen, zu der Stelle, wo man den Fehler gemacht hat, und es noch einmal und besser machen.«

»Das geht nicht«, sagte der Sandwolf. »Die Zeit kann man nicht zurückfahren. Das, was einmal getan wurde, ist für immer getan.«

»Denn die Zeit ist kein Auto«, sagte Zackarina.

Der Sandwolf stimmte ihr zu, aber dann wurde er doch ein bisschen nachdenklich. Er sah auf seinen Schatten und murmelte etwas von der Sonne und der Zeit. Er bat Zackarina, sich auf seinen Rücken zu setzen, und sagte, dass man es doch versuchen müsse.

»Halte dich fest. Denn jetzt gehts in die Vergangenheit.«

Und dann fing er an zu laufen, im Kreis herum und mit jeder Runde schneller. Er benutzte all seine Kraft und wurde leicht wie ein Lachen. Und mitten im Lauf geschah das Unglaubliche. Der Schatten blieb zurück und er lief weiter – lachte sich seinem eigenen Schatten davon!

Und Zackarina stieg in den Bus ein, Hand in Hand mit ihrer Mama.

»Du, Mama«, sagte sie. »Fahren wir heute zum ersten Mal Bus?«

Mama verstand die Frage nicht richtig.

»Zum ersten Mal?«, fragte sie. »Wie meinst du das?«

Es waren viele Menschen im Bus, aber sie fanden zwei freie Plätze und setzten sich. Zackarina musste so sehr kichern, dass sie kaum still sitzen konnte. Die Zeitzauberei hatte funktioniert! Nun war es so, wie sie es wollte – sie und ihre Mama waren auf dem Weg in die Stadt. Sie dachte an Eis im Café und an die feinen Kaufhäuser, wo die Kleider nach Parfüm rochen.

Aber nach einer Weile fuhr der Bus sehr langsam. Sie steckten in einem Stau. Die Sonne brannte herunter, und der Bus kam nur kriechend voran, wie eine Schnecke. Alle waren verschwitzt und warm, und fast alle sahen sauer und ärgerlich aus. Besonders die Tante auf dem Platz gegenüber.

»Oje, das wird Ewigkeiten dauern, bis wir ankommen«, sagte Mama.

»Nein, keine Ewigkeiten«, sagte Zackarina.

»Ich meine lange Zeit«, sagte Mama. »Ach, wie dumm! Wären wir doch zu Hause geblieben!

Aber Zackarina konnte nichts mehr bereuen, auf jeden Fall nicht an diesem Tag. Was sie auch tat und entschied, es wurde falsch.

»Können wir nicht etwas Lustiges machen?«, fragte Zackarina.

»Ich habe keine Kraft«, sagte Mama.

»Aber wir könnten doch wenigstens singen«, sagte Zackarina.

Mama schnaubte und sah fast so sauer aus wie die Tante gegenüber.

»Das hilft nichts«, sagte sie. »Der Bus fährt auch nicht schneller, wenn wir singen.«

»Nein, aber vielleicht wird es ein bisschen lustiger«, sagte Zackarina.

Da lachte Mama und fragte, mit welchem Lied sie anfangen sollten.

»Das mit halli und hallo«, sagte Zackarina.

Mama wusste genau, welches sie meinte, und sie fingen an zu singen. Zuerst leise und dann ein wenig lauter. Und das Lied steckte an. Die Menschen hörten zu und ein paar fingen an mitzusingen. Erst ein bisschen vorsichtig, aber dann lauter und lauter. Zum Schluss sangen fast alle mit.

Die saure Tante bot allen klebrige Zitronenbonbons an, und niemand bereute, in den langsamen Bus eingestiegen zu sein.

Und auf dem Busdach, dort lag der Sandwolf und klopfte mit den Pfoten den Takt. Er lag dort und lächelte und er dachte im Takt. Er dachte an

Wollen und Wählen und Wissen und Machen und Hoffen und Glauben.

Man kann nie sicher wissen, was dann das Beste wird, dachte er. Aber vielleicht kann man das Beste aus dem machen, was ist.

Einen Apfel pflücken

Zackarina wusste sofort, welcher Tag heute war. Sie spürte es im ganzen Körper und sobald sie aufwachte.

Nicht Geburtstag, nicht Weihnachten, aber trotzdem ein Tag, der von morgens bis abends wunderbar war.

Es war der große Apfelpflücktag.

Er fing wie immer mit einem gemütlichen Frühstück an und mit ausgiebigen Apfelgesprächen.

»Erinnerst du dich an letztes Jahr?«, sagte Papa zu Mama. »Als so viele Würmer in den Äpfeln waren?«

»War das letztes Jahr?«, fragte Mama. »War das nicht vor zwei Jahren? Im gleichen Jahr, als du von der Leiter gefallen bist?«

»Nein, das ist doch schon drei Jahre her«, sagte

Papa. »Das Jahr, in dem wir so wenig geerntet haben.«

»Aber dieses Jahr sind viele Äpfel am Baum«, sagte Mama. »Und sie sind schön.«

Papa stimmte ihr zu: »Dieses Jahr wird ein richtiges Rekordjahr.«

Während Mama den Apfelkorb aus dem Keller holte, verdrückte Zackarina das letzte Stück ihres Butterbrotes. Sie zogen die Gummistiefel an und gingen hinaus.

Zackarina war so glücklich. Genau so sollte es sein, wenn man Äpfel pflückte. Sie und Mama und Papa. Schönes Wetter und ein bisschen Herbstgeruch in der Luft. Der schöne Apfelkorb. Weißes, dünnes Papier, in das man die Äpfel einwickelte, bevor man sie im Keller ins Regal legte.

Dort sollten sie im Dunkeln bis Weihnachten lagern. Denn solche Äpfel hatten sie am Baum – Äpfel, die man aufhob, bis es Winter war.

Papa kletterte auf die Leiter. Es war immer er, der die Äpfel ganz hoch oben pflückte, denn er konnte am besten klettern. Mama stand auf der Wiese und streckte sich und pflückte von den unteren Ästen. Zackarinas Aufgabe war es, die

Äpfel entgegenzunehmen und sie vorsichtig in den Korb zu legen. Man durfte sie nicht fallen lassen, denn Papa sagte, Äpfel seien genauso empfindlich wie Eier.

»Es ist ein bisschen kalt heute«, sagte Mama. »Ich gehe rein und hole einen Pullover.«

»Bring mir auch einen Pulli mit«, sagte Zackarina. »Den blauen.«

Aber als Mama herauskam, hatte sie die rote Jacke im Arm – die warme Jacke. Die hatte den ganzen Sommer über ganz hinten in der Kleiderkammer gehangen und Zackarina hatte sie ein paar Monate lang nicht gesehen.

»Oh, jaaa! Die ist so weich!«, sagte sie. »Oh, meine Lieblingsjacke! Danke!«

Und so zog sie die Jacke an.

Aber – was war denn das? Wie komisch es sich anfühlte. Die Jacke war überhaupt nicht so kuschelig wie sonst. Irgendetwas stimmt nicht mit ihr, dachte Zackarina. Sie muss kaputtgegangen sein.

Mama schaute Zackarina an und sah ganz erstaunt aus. Auch Papa blickte auf sie herunter, von der Leiter aus, und fing an zu lachen.

»Uuui, Zackarina«, sagte er. »Wie du über den Sommer gewachsen bist! Die Jacke ist ja viel zu klein!«

Zackarina sah auf ihre Hände und Arme. Die Ärmel der Jacke waren viel zu kurz, und Zackarina fand, dass es sehr seltsam aussah. Fast abscheulich.

Sie riss sich die Jacke herunter und warf sie auf den Boden. Sie wollte nicht, dass Papa auf der Leiter stand und lachte. Sie wollte nicht, dass Mama sie überrascht ansah. Sie wollte nur, dass alles wie immer war. Wie gewöhnlich und gut. Besonders heute, am großen Apfelpflücktag.

Aber Papa lachte. Mama lächelte und Zackarina lief – vom Haus und Apfelbaum weg und hinunter zum Meer.

Als sie am Strand ankam, war alles ruhig und still. Das Meer lag glatt und grau vor ihr. Aber von der Grotte des Sandwolfs her sah man einen Schimmer und einen Glitzer von Gold. Man hörte jemanden ein kratziges Lied in Samtblau summen und da waren auch noch andere angenehme Laute: Schnecken, die aneinanderschlugen, Klimpern von einer Porzellantasse, dünn wie ein Spinnennetz.

Zackarina ging zur Grotte und machte es genauso wie immer. Sie kniete sich hin und wollte hineinkriechen. Aber es ging nicht. Sie kam nicht rein. Die Öffnung der Grotte war zu eng. Da fing sie richtig zu frieren an. Nicht nur äußerlich, sondern auch von innen.

Eiskalt im Bauch. Eiskalt im Herzen.

Sie setzte sich in den Sand und weinte.

Aber der Sandwolf, der immer hörte, wenn jemand weinte, schaute aus der Grotte heraus.

»Armzackarina?«, sagte er. »Sitzt hier draußen? Und Tränen?«

Zackarina verbarg ihr Gesicht in den Händen.

»Zu groß«, schluchzte sie. »Ich bin zu groß geworden!«

Der Sandwolf glitt aus der Grotte. Er setzte sich dicht neben Zackarina und machte sein Fell ganz warm und weich. Er atmete leise und ließ sie eine Weile in Ruhe weinen.

Dann sagte er ganz sanft: »Ich habe heute Nacht eine neue Grotte gefunden.«

Zackarina nahm die Hände vom Gesicht. Ihre Augen waren vom Weinen ganz rot.

»Hast du?«, fragte sie. »Ist sie schön?«

»Wunderbar«, sagte der Sandwolf. »Hohe Decke und klippige Wände. Ein spannender Ort.«

Und Zackarina verstand. Sie verstand genau, was der Sandwolf vorhatte.

»Du willst umziehen, oder?«, sagte sie.

»Ja, heute«, sagte der Sandwolf.

Lange saß Zackarina still da. Sah auf den Strand. Das war ihr Strand und sie wusste alles über ihn. Sie wusste genau, wie sich der Sand in der Hand anfühlte, wie das Schilf raschelte und wie hoch die Wellen schlugen, wenn Sturm war.

»Ist es weit bis dort?«, fragte sie. »Bis zu der neuen Stelle?«

»Tja ... das kommt drauf an«, sagte der Sandwolf. »Man muss ein Stück gehen, ein ziemlich langes Stück. Vielleicht muss man suchen. Vielleicht findet man die Stelle nicht so leicht.
Vielleicht ist es sogar sehr schwierig.«

Zackarina hörte zu und nickte.

»Dann muss man wahrscheinlich Proviant mitnehmen«, sagte sie. »Und einen Schlafsack und eine Taschenlampe.«

»Strahlende Idee«, sagte der Sandwolf. »Eine Taschenlampe, unbedingt.«

Zackarina stand auf und umarmte den Sandwolf lange. Sein sandiges, goldglitzerndes, wüstengelbes Fell kitzelte an ihrer Wange.

Und der Sandwolf umarmte Zackarina.

»Wir sehen uns«, sagte sie.

»Immer, wenn du willst«, sagte der Sandwolf.

Zackarina ging nach Hause und der Weg vom Meer zum Haus war sehr kurz.

Papa stand auf der Leiter am Apfelbaum und Mama stand unten. Beide blickten auf einen Apfel, der weit draußen an einem Ast hing. Es war ein unglaublich schöner Apfel.

»Der größte am ganzen Baum«, sagte Papa.

»Ja, und der röteste auch«, sagte Mama.

Zackarina ging zum Baum. Sie stellte sich direkt unter den Ast und streckte sich nach dem Apfel.

»Warte, ich kann dich hochheben«, sagte Mama. »Warte ein bisschen!«

»Oder warte«, sagte Papa. »Ich hole einen Schemel aus der Küche!«

Aber Zackarina wartete nicht. Sie stellte sich auf die Zehenspitzen und streckte sich, so weit sie nur konnte, nach oben.

Ich werde, dachte sie. Ich kann!

Und dann fühlte sie den Apfel, nahm ihn in die Hand. Ein kleiner Ruck und der Ast wippte.

Zackarina stand fest auf dem Boden mit dem Apfel in der Hand.

Und nächstes Jahr, das wussten alle drei – nächstes Jahr würden sie sagen: »Weißt du noch? Der Apfel, den Zackarina gepflückt hat? Der große rote?«

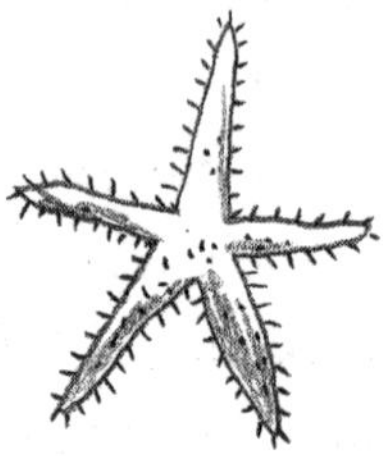

© Beltz & Gelberg

Åsa Lind

Åsa Lind, geboren 1958 in Nordschweden, ist Journalistin und übte die unterschiedlichsten Berufe aus, unter anderem war sie Grützenköchin, Chefin eines Restaurants, Hilfsköchin und Pflegerin. Heute lebt sie als Autorin auf einer kleinen Insel in den Schären vor Schweden. Ihre Tochter Emma machte sie darauf aufmerksam, dass es den Sandwolf gibt.

Åsa Lind

Zackarina und der Sandwolf

Gelesen von Barbara Zechel

Beltz & Gelberg Hörbuch (80950), 1 CD, ab 6

»Barbara Zechel balanciert das Komische und Nachdenkliche der Geschichten aus. Sie erzählt mit heller, klarer und warmer Stimme. Zackarina verleiht sie eine lebendige, glaubwürdige Gestalt und gibt ihrer Spontanität, Vitalität und ihren vielfältigsten Gefühlsstimmungen Ausdruck. Eine höchst gelungene Produktion.«
Jurybegründung des IfaK »Hörbuch des Monats«

»Die herzerwärmende Stimme der Erzählerin setzt der Fantasie keine Grenzen.«
hr2 Hörbuch-Bestenliste

Åsa Lind

Mehr von Zackarina und dem Sandwolf

Gelesen von Barbara Zechel

Beltz & Gelberg Hörbuch (80966), 1 CD, ab 6

»Wie beim ersten Band liest auch dieses Mal Barbara Zechel die Hörfassung. Und ihre Stimme passt einfach hervorragend zum Thema, ist leise, nachdenklich und doch lebhaft und fröhlich. Die Sprecherin strahlt eine Kindlichkeit aus, die nicht kindisch, sondern philosophisch daherkommt: Neugierig stellt sie die Fragen, für die Erwachsene keine Zeit mehr haben. Und entdeckt dabei wieder viel Großes im Kleinen.«
kjl-online

GULLIVER
www.gulliver-welten.de
Beltz & Gelberg, Postfach 10 01 54, 69441 Weinheim

JEDES KIND
BRAUCHT
EINEN FREUND.

Der Bunte Hund

**Das einzige Geschichten- und Bildermagazin
für Kinder, endlich.**

Bühne frei: Hier komme ich, **Der Bunte Hund!**
Kinder entdecken zusammen mit mir eine Welt
voller Geschichten, Bilder, Abenteuer.
Ich veranstalte Erzählwettbewerbe, präsentiere Kolumnen
und Portraits und mache mit meinen
Freunden bekannt, den Lese- und Bilderhunden,
den Bastel- und Wunderhunden.

Ab November 2007 am Kiosk und im Buchhandel.
Informationen über das Heft und wie man es
jeden Monat automatisch bekommt, findest Du unter
www.derbuntehund.de

SAMMELN
UND
GEWINNEN?

NÄCHSTE
SEITE.

GULLIVER Weltmarken

Gulliver-Weltmarken sammeln und gewinnen!

In diesem GULLIVER Taschenbuch findest Du unten eine Weltmarke. Die kannst Du ausschneiden und in Deine Weltmarkensammelkarte kleben.

Wenn die Weltmarkensammelkarte voll ist, schickst Du sie an uns und erhältst in jedem Fall das GULLIVER-Basecape.

Jedes Jahr im November gibt es die große GULLIVER-Jahresverlosung, an der alle Weltmarkensammelkarten teilnehmen. Der Gewinnerin/dem Gewinner winkt eine zweitägige Reise für 3 Personen an ein schönes Ziel. Anfahrt, Hotel und Taschengeld gibt's inklusive.

Viel Spaß beim Sammeln.

Die GULLIVER-Weltmarkensammelkarte erhältst Du unter folgender Adresse:

Beltz & Gelberg
Postfach 10 01 54
69441 Weinheim

Telefon: 062 01-60 07-432
Fax: 062 01-60 07-484
E-Mail: info@beltz.de

GULLIVER Weltmarke